Pe. José Ulysses da Silva, C.Ss.R.
(Organizador)

ÊXODO

Libertação Comunhão Missão

AVE MARIA
ACADEMIA MARIAL APARECIDA

EDITORA
SANTUÁRIO

Coordenação editorial:
Ana Lúcia de Castro Leite

Revisão:
Sofia Machado

Diagramação e Capa:
José Antonio dos Santos Junior

Dados Internacionais de Catalogação na Publicação (CIP)
de acordo com ISBD

E96 Êxodo: Libertação, Comunhão, Missão / organizado Pe. José Ulysses da Silva, C.Ss.R.. - Aparecida : Editora Santuário, 2024.
112 p. ; 14cm x 21cm.

ISBN: 978-65-5527-454-7

1. Religião. 2. Cristianismo. 3. Missão. 4. Igreja. 5. Deus. I. Congresso Bíblia de Aparecida. II. Título.

024-3031 CDD 240
CDU 24

Elaborado por Vagner Rodolfo da Silva - CRB-8/9410

Índice para catálogo sistemático:
1. Religião : Cristianismo 240
2. Religião : Cristianismo 24

1ª impressão

Rua Pe. Claro Monteiro, 342 – 12570-045 – Aparecida-SP
Tel.: 12 3104-2000 – Televendas: 0800 016 00 04
www.editorasantuario.com.br
vendas@editorasantuario.com.br

SUMÁRIO

PREFÁCIO

Caro(a) leitor(a):

É com grande alegria que apresento o prefácio deste livro, que reúne os textos das palestras proferidas durante o I Congresso Bíblico de Aparecida, realizado pela Academia Marial do Santuário Nacional, em parceria com o Instituto São Paulo de Estudos Superiores. O tema central do congresso foi "O Êxodo, Revestir-se da Palavra de Deus".

Em comunhão com a CNBB, que, em agosto de 2022, lançou o Documento 114 sobre o pilar da Palavra, sendo um momento histórico para a Academia Marial e para o Santuário Nacional, pois foi o primeiro Congresso Bíblico do Brasil.

Em um mundo onde as vozes se multiplicam, precisamos voltar nossos ouvidos e nosso coração para as Escrituras Sagradas. O Santuário, adornado pelos mosaicos do Centro Alletti, é um lugar onde a Palavra se manifesta em cores e formas, convidando-nos à contemplação e à compreensão mais profunda do Mistério da Salvação. Como Santuário Mariano, a casa da mais perfeita e primeira discípula da Palavra Encarnada, oferecemos o Congresso Bíblico como um grande presente a Ela, pois se conhecemos Maria é graças às Sagradas Escrituras.

Pe. José Ulysses da Silva, diretor da Academia Marial, juntamente com dois renomados biblistas da Palavra, Francisco Orofino e Frei Carlos Mesters, foram os arquitetos desse Congresso. Com um forte compromisso e conhecimento bíblico, além de grande experiência com Círculos Bíblicos, foram fundamentais para a realização desse evento. A eles, nossa gratidão e nosso reconhecimento.

As reflexões ecoaram nos corredores do Congresso, iluminando nossa mente e aquecendo nosso coração. Suas conferências e dinâmicas nos conduziram a uma jornada espiritual profunda, revelando novas camadas de significado do Êxodo nas Escrituras.

Não há missão sem a Palavra. Como discípulos missionários, temos o compromisso de anunciar o Evangelho e fazer com que a Bíblia seja cada vez mais conhecida.

Que a Palavra de Deus, como um mosaico divino, continue a revestir nosso coração e nossa mente, guiando-nos em nossa caminhada como peregrinos da fé.

Dom Orlando Brandes
Arcebispo de Aparecida

APRESENTAÇÃO

A Academia Marial de Aparecida tem a alegria de oferecer aos participantes do I Congresso Bíblico de Aparecida o precioso conteúdo das diversas Conferências que desenvolveram o tema bíblico do Êxodo.

Frei Carlos Mesters e Francisco Orofino, biblistas de renome, com uma capacidade admirável de falar a linguagem do povo, ajudaram-nos a reler os textos bíblicos que se referem à grande epopeia do Êxodo, como um caminho de libertação, de comunhão e de missão, que parte da saída da escravidão do Egito e chega até nossos dias, ainda em busca da Terra prometida do Reino de Deus, inaugurado por Jesus. Tudo é Êxodo, convocado por Deus, mas que depende de cada geração para tornar-se realidade e seguir com fidelidade na direção da vida em liberdade, em justiça e em fraternidade.

Neste livro, a Academia Marial nos oferece a oportunidade de refletir ainda mais profundamente tudo o que ouvimos durante o I Congresso Bíblico de Aparecida. Muitos, que não puderam participar do Congresso, terão a possibilidade de usufruir da profundidade e da beleza das diversas Conferências, que nos convocam a uma caminhada exodal, que se iniciou no Antigo Testamento, realizou-se plenamente em Jesus, e que continua na Igreja, como um desafio de permanecer sempre em saída missionária.

O Êxodo de Israel foi uma experiência fundante do Povo de Deus, desde o processo de libertação da escravidão até delinear um projeto de vida social, que se torna uma cartilha da caminhada até a Terra prometida. Na origem de tudo está sempre Deus, aquele que é e que está presente no meio de seu povo, revelando-lhe sua ternura divina.

O Êxodo de Jesus será a experiência fundante do novo Povo de Deus, cuja prática libertadora se realiza a partir do povo sofrido e marginalizado. Jesus se revela como o novo Moisés, no Sermão da Montanha, que traz uma Boa Notícia principalmente aos pobres, enfermos, famintos, inaugurando seu corpo ressuscitado e o povo simples, como novo templo da presença do divino, passa dos poderes da morte à vitória da cruz e da ressurreição. Ele é o "Eu sou" – "IHWH", o Senhor da vida que vence a morte, é o Senhor da história ainda a caminho de sua consumação.

O Êxodo da Igreja é como uma memória celebrada, animando a caminhada do Povo de Deus. Retoma o roteiro do primeiro Êxodo e o relê sobre a vida de Jesus. É o mesmo Espírito Santo que agiu ontem e continua agindo agora. Assim as comunidades vivem em estado permanente de Êxodo. Elas criam três retratos de comunidades-modelos, em que nossas comunidades devem espelhar-se sempre. Finalmente, o desafio exodal para nossa geração está na proposta do papa Francisco, que quer nos conduzir para sermos uma Igreja em saída missionária.

Somos imensamente gratos aos queridos Frei Carlos Mesters e Francisco Orofino, uma dupla bíblica admirável, que nos fazem ler a Bíblia em cima dos fatos da história de hoje e da vida cristã de cada um de nós. A conclusão é que devemos ser uma Igreja Sinodal, que ainda precisa caminhar muito para conquistar a verdadeira Terra Prometida, o Reino de paz e de justiça, de amor e de fraternidade.

Pe. José Ulysses da Silva, C.Ss.R.

INTRODUÇÃO

A leitura bíblica feita pelas comunidades aqui no Brasil e nos demais países da América Latina apontou a importância do livro do Êxodo na espiritualidade de todo o povo santo de Deus.

Eis uma boa comparação para entendermos a importância deste livro como eixo central de toda a Bíblia: podemos comparar a atual coleção dos livros bíblicos a um grande varal de roupas onde uma mulher vai pendurando as mais diferentes peças de roupa. Pendura lençóis, toalhas, lenços e lencinhos. Roupas de diferentes tamanhos. Acostumamo-nos a ver as roupas penduradas e esquecemos que há um fio que sustenta tudo e que não se vê. Assim, também nos acostumamos a ler os livros bíblicos separadamente. E nos esquecemos que, como em um varal, todos esses livros da Bíblia estão pendurados em um fio, ou em uma corda invisível, mas que sustenta todos eles em seu conjunto. Essa corda que sustenta tudo é o Êxodo.

Temos de entender os vários sentidos desta palavra **"êxodo"**. Antes de tudo, êxodo define o acontecimento que gera o povo de Israel e, portanto, de todo o povo de Deus. Êxodo também define a narrativa da libertação do povo oprimido no Egito e que se tornou o tema central de toda a história da caminhada do povo preservada nos livros da Bíblia. Êxodo também define a relação entre Deus e o povo libertado. Êxodo é a Aliança, a lei de Deus, ferramenta indispensável na construção de uma sociedade justa, fraterna e igualitária.

Enfim, o **êxodo é a chave geral que abre todas as portas na interpretação bíblica. Vemos isso já na vocação de Abraão, quando Deus o chama com dois verbos no imperativo:** *Sai*! E *Vai*! Sair de uma situação tranquila e cômoda e colocar-se a caminho em uma direção dada pelo próprio Deus. Uma caminhada cheia de desafios, riscos, crises e desânimos. Mas que também vai nos dando as luzes e as forças necessárias para chegarmos à Terra que nos foi prometida. Essa ordem de Deus é o eixo Vocação-Missão, eixo fundamental em nossa caminhada de vida espiritual no seguimento de Jesus, sendo importante também neste atual momento eclesial, em que somos convidados pelo papa Francisco a nos colocar em caminho de Evangelização em uma proposta de uma Igreja "em saída" (cf. EG 21).

Francisco Orofino

1

O ÊXODO DE ISRAEL

O Êxodo como fato fundante

1

O ÊXODO COMO EXPERIÊNCIA FUNDANTE DO POVO DE DEUS

O processo de libertação: Êxodo 1 a 15

Frei Carlos Mesters

Esta primeira conferência trata do "Êxodo como experiência fundante do Povo de Deus". A libertação da opressão no Egito ficou na memória do povo e marcou para sempre sua vida, sua história, sua identidade e sua missão como Povo de Deus.

A pergunta inicial que pede uma resposta é esta: o que levou o povo hebreu a ir morar no Egito e qual o motivo daquela dura escravidão em cima do povo hebreu, durante vários séculos, mais de 400 anos (cf. At 7,6)?

1. Êxodo 1,1-2,10: *A opressão do povo no Egito, a resistência das parteiras e o nascimento de Moisés*

Em torno do ano 1700 antes de Cristo, quando o patriarca Jacó soube que seu filho José estava no Egito e que ele chegou a ser o vice-rei do Faraó, Jacó se mudou para o Egito com toda a sua família. Os que foram com ele *"eram ao todo setenta pessoas"* (Ex 1,5) ou *"setenta e cinco pessoas"* (At 7,14). Pouca gente! Mas eles cresceram. Diz o livro do Êxodo: *"Os filhos de Israel se tornavam fecundos e se multiplicavam; tornaram-se cada vez mais numerosos e poderosos, a tal ponto que o país ficou repleto deles"* (Ex 1,7).

Então, *"subiu ao trono do Egito um novo rei que não tinha conhecido José. Ele disse a seu povo: "Vejam! O povo dos filhos de Israel está se tornando mais numeroso e poderoso do que nós. Vamos vencê-los com astúcia, para impedir que eles se multipliquem; do contrário, em caso de guerra, eles se aliarão com o inimigo, nos atacarão e depois sairão do país"* (Ex 1,8-10). Mas não adiantou nada! Apesar de escravizados e maltratados, os israelitas cresceram e se multiplicaram. Chegaram a ser *"seiscentos mil homens a pé sem contar suas famílias"* (Ex 12,37; cf. Nm 1,46; 2,32; 26,51). Um crescimento de 70 para 600.000 pessoas!

Diante disso, o Faraó aumentou o controle e a opressão. *"Contudo, quanto mais oprimiam o povo, mais ele crescia e se multiplicava. Os filhos de Israel começaram a se tornar um pesadelo para os egípcios. Por isso, os egípcios impuseram sobre eles trabalhos duros, e lhes amargaram a vida com dura escravidão: preparação de argila, fabricação de tijolos, vários trabalhos nos campos; enfim, com dureza os obrigaram a todos esses trabalhos"* (Ex 1,12-14).

Então, o Faraó ordenou às parteiras do povo hebreu: *"Quando vocês ajudarem as mulheres dos hebreus a dar à luz, observem se é menino ou menina: se for menino, matem; se for menina, deixem viver. As parteiras, porém, temeram a Deus e não fizeram o que o rei do Egito lhes havia ordenado; e deixaram os meninos viver"* (Ex 1,16-17). As parteiras se chamavam Séfora e Fua. Com essa desobediência das parteiras às ordens absurdas do Faraó começou a resistência do povo hebreu.

Outras duas mulheres imitaram a rebeldia das parteiras e souberam envolver até a própria filha do faraó. Foi por ocasião do nascimento de Moisés. Jocabed, a mãe, ajudada por Miriam, sua filha, conseguiram manter escondido o menino durante três meses. Quando já não era possível mantê-lo escondido, inventaram um plano astuto para manter vivo o menino. Na hora em que a filha do Faraó ia tomar banho no rio Nilo, Jocabed, a mãe, "pegou um cesto de papiro, vedou com betume e piche, colocou dentro a criança, e a depositou entre os juncos na margem do rio" (Ex 2,3). Miriam, a irmã do menino, ficava de longe para ver o que aconteceria (Ex 2,4).

A princesa viu o cesto com o menino dentro descendo rio abaixo em direção ao mar. Mandou uma das empregadas apanhar o cesto, viu o menino chorando, ficou com dó e disse: "É uma criança dos hebreus" (Ex 2,6). Nesse momento, Miriam, a irmã, chegou perto e disse: "A senhora quer que eu vá chamar uma hebreia para criar este menino?" (Ex 2,7). A filha do Faraó respondeu: *"Pode ir"*. Miriam foi e chamou a mãe. *"Então, a filha do Faraó disse para a mulher. Leve este menino e o amamente para mim, que eu lhe pagarei"* (Ex 2,7-9)

Foi assim que Jocabed e Miriam conseguiram que a própria mãe pudesse criar o menino. Sem dúvida, junto com o amor e o leite materno, Jocabed deve ter colocado no coração do menino a semente da fé no Deus dos pais, Deus de Abraão, Deus de Isaque e Deus de Jacó. Diz o livro do Êxodo: *"Quando o menino cresceu, a mulher o entregou à filha do Faraó, que o adotou e lhe deu o nome de Moisés, dizendo: 'Eu o tirei das águas'"* (Ex 2,10).

Moisés nasceu e sobreviveu graças à resistência das parteiras Séfora e Fua (Ex 1,15-22) e graças à esperteza e ajuda de Jocabed, sua mãe, de Miriam, sua irmã, e da filha do faraó (Ex

2,1-10). Essas cinco mulheres salvaram a vida de Moisés e, assim, tornaram possível a libertação do povo da escravidão do Egito.

2. Êxodo 2,11-25:
Moisés defende seus irmãos, mata um egípcio e foge para a terra de Madiã

E a história continua. Passaram-se os anos. Moisés cresceu na casa da filha do faraó. Certo dia, ele *"saiu para ver seus irmãos e notou que eram submetidos a trabalhos forçados. Viu também que um de seus irmãos hebreus estava sendo maltratado por um egípcio"* (Ex 2,11). Ao experimentar de perto a exploração de seus irmãos, o sangue de Moisés esquentou e foi mais forte que a formação recebida na escola do Faraó. Ele avançou e matou o egípcio (Ex 2,12). Aquela experiência deve ter marcado Moisés pelo resto de sua vida. No dia seguinte, uma outra experiência marcante! Ele viu dois hebreus brigando entre si, um ferindo o outro. Moisés interveio: *"Por que você está ferindo seu próximo?"* (Ex 2,13). A reação do hebreu foi uma provocação inesperada para Moisés: *"E quem foi que nomeou você para ser chefe e juiz sobre nós? Está querendo me matar como matou o egípcio ontem?"* (Ex 2,14). Moisés ficou com medo. Percebeu que todos já sabiam do assassinato e que o Faraó estava a sua procura para matá-lo. Moisés fugiu do Faraó e refugiou-se no país de Madiã (Ex 2,15).

Chegando a Madiã, Moisés sentou-se junto a um poço. As sete filhas de Jetro chegaram ao poço para buscar água para o rebanho. Um grupo de pastores queria expulsar as moças. Moisés interveio, defendeu as moças e, além disso, deu de beber ao rebanho delas. Elas agradeceram e chegaram em casa mais cedo que de costume. Explicaram ao pai: *"Um egípcio nos livrou dos pastores e tirou água do poço para dar de beber ao rebanho"* (Ex 2,19). O pai mandou que elas chamassem o egípcio. Chamaram Moisés. Moisés concordou em morar com eles. Jetro, o pai, *"deu a Moisés sua filha Séfora. Ela deu à luz um menino, a quem Moisés deu o nome de Gérson, dizendo "sou imigrante em terra estrangeira"* (Ex 2,21-22).

Passaram-se os anos. Diz o livro do Êxodo: *"Muito tempo depois, o rei do Egito morreu. Os filhos de Israel gemiam sob o peso da escravidão, e clamaram; e do fundo da escravidão, seu clamor chegou até Deus. Deus ouviu as queixas deles e lembrou-se da aliança que fizera com Abraão, Isaac e Jacó. Deus viu a condição dos filhos de Israel e a levou em consideração"* (Ex 2,23-25). A partir desse momento, começa a história da libertação do povo. Deus ***ouviu*** o clamor, ***lembrou-se*** da aliança, ***viu*** o sofrimento, ***atendeu*** ao clamor e ***chamou*** Moisés.

3. Êxodo 3,1-10: *Experiência de Deus no Monte Horeb: Vocação de Deus! Vocação de Moisés*

Moisés estava tomando conta do rebanho de seu sogro Jetro (Ex 3,1). De repente, ele viu uma coisa estranha: uma sarça estava ardendo em fogo, mas não se consumia. Aí Moisés disse a si mesmo: Vou chegar mais perto para ver essa coisa estranha: por que será que a sarça queimando não se consome? *"Vendo que Moisés se aproximava, Deus o chamou: Moisés, Moisés! Ele respondeu "Aqui estou!" Deus disse: "Não se aproxime. Tire as sandálias dos pés, porque o lugar onde você está pisan-*

do é um lugar sagrado". E Deus continuou: *"Eu sou o Deus de seus antepassados, o Deus de Abraão, o Deus de Isaac, o Deus de Jacó". Então Moisés cobriu o rosto, pois tinha medo de olhar para Deus"* (Ex 3,4-6).

Um pouco mais adiante, a Bíblia diz novamente: *"YHWH disse (a Moisés): 'Eu vi, Eu vi a miséria de meu povo que está no Egito. Ouvi seu clamor contra seus opressores, e conheço seus sofrimentos. Por isso, desci para libertá-lo do poder dos egípcios e para fazê-lo subir dessa terra para uma terra fértil e espaçosa, terra onde corre leite e mel, o território dos cananeus. O clamor dos filhos de Israel chegou até mim, e eu estou vendo a opressão com que os egípcios os atormentam. Por isso, vá. Eu envio você ao Faraó, para tirar do Egito meu povo, os filhos de Israel'"* (Ex 3,7-10).

Antes de Moisés receber sua vocação, o próprio Deus teve vocação. *A vocação de Deus é o clamor do povo!* Fiel a sua vocação, Deus deixou que o clamor do povo entrasse dentro dele, e deu uma resposta coerente: chamou Moisés. Deus não só ouviu, mas também viu a miséria, conheceu de perto a opressão: "**Vi** a miséria, **ouvi** o clamor, **conheço** os sofrimentos, **desci** para libertar, para fazê-lo subir para uma terra fértil, por isso **vá**! Eu **envio** você! Envio você ao faraó para tirar do Egito meu povo" (cf. Ex 3,7-10). Deus é fiel a sua vocação chamando Moisés.

4. Êxodo 3,11-4,31: *As resistências de Moisés, A Revelação do Nome de Deus, Moisés assume sua vocação*

- **As resistências de Moisés**

Moisés resistiu à vocação que vinha de Deus e arrumou vários pretextos. O **primeiro pretexto**: *"Quem sou eu para ir até* *o Faraó e tirar os filhos de Israel lá do Egito?"* (Ex 3,11). Ele fingiu humildade para esconder o medo. Deus respondeu: *"Eu estou com você!"* (Ex 3,12). Deus não levou em consideração o pretexto da humildade, mas ajudou Moisés a vencer o medo: *"Eu estou com você!"* E disse ainda: *"Este é o sinal de que eu o envio: quando você tirar o povo do Egito, vocês vão servir a Deus nesta montanha"* (Ex 3,12). Trata-se da montanha Horeb ou Sinai, onde Deus estava conversando com Moisés naquele momento.

- **A revelação do Nome de Deus**

Mas Moisés não se convenceu e apresentou um ***segundo*** **pretexto** para ficar livre da missão que estava recebendo. Ele disse a Deus: *"Quando eu me dirigir aos filhos de Israel, eu direi: 'O Deus dos antepassados de vocês me enviou até vocês'; e se eles me perguntarem: 'Qual é o nome dele?' O que é que eu vou responder?"* (Ex 3,14). É como se dissesse: O povo está no Egito e está sendo maltratado há mais de 400 anos (cf. At 7,6). Deus nunca se manifestou nestes 400 anos. E agora, de repente, ele quer libertar o povo. Um Deus assim já não tem nome, nem existe para o povo. Novamente, Deus não respondeu ao pretexto de Moisés, mas ao motivo verdadeiro: o medo e a falta de fé em Deus. Deus responde: *"Eu sou aquele que sou!"* Literalmente, em hebraico se diz: "Estou que estou". Deus simplesmente repete com firmeza o que ele acabava de dizer: *"Estou com você!"* E agora ele repete *"Estou que Estou!"* Ou seja: "Certissimamente estou com você! Disso você não pode duvidar!" Em hebraico, o verbo *estar* (*ser*) se escreve com estas três letras hyh (הָיָה). Em hebraico, quando se diz: *Ele é* ou *Ele está* se escreve hyhy. Com essas mesmas quatro letras se escreve o nome de Deus יהוה, YHWH, Yahweh. E no fim Deus diz e explicita: *"Este é meu* ***nome*** *para sempre, e assim serei lembrado de geração em geração"* (Ex 3,15).

Esse nome YHWH ocorre mais de 6.000 vezes na Bíblia, sem contar os nomes que terminam em **–ia** ou **–ias**, como Zachar**ias**, Jerem**ias**, Isa**ías**. O nome **יהוה**, **yhwh**, **YHWH**, é o fio condutor da história do povo de Deus. Para evitar que esse nome fosse pronunciado levianamente, eles combinaram dizer *Adonai* (Senhor) cada vez que ocorresse esse nome na leitura da Bíblia. Por isso, algumas traduções nossas escrevem Senhor (Adonai) cada vez que na Bíblia hebraica ocorre o nome Yahweh (יהוה). Esse mesmo nome (Yahweh, Adonai, Senhor) foi dado a Jesus como transparece no hino da comunidade de Filipos:

> 9Por isso, Deus o exaltou grandemente,
> e lhe deu o Nome
> que está acima de qualquer outro nome;
> 10para que, ao nome de Jesus, se dobre todo joelho
> no céu, na terra e sob a terra; 11e toda língua confesse
> que Jesus Cristo é o Senhor (Adonai, Yahweh, יהוה)
> para a glória de Deus Pai. (Fl 2,9-11)

- **As resistências de Moisés**

Mas não bastou para Moisés, e ele veio com um **terceiro pretexto** para poder escapar da missão: *"E se eles não acreditarem em mim, nem fizerem caso, dizendo: 'Yahweh* não apareceu a você*'?"* (Ex 4,1) Para esconder o medo e sua própria falta de fé, Moisés inventou uma dificuldade da parte do povo: "E se o povo não acreditar em mim?" E novamente, Deus responde, não ao pretexto, mas ao motivo que levava Moisés a não querer a missão. *"O que você tem aí na mão?"* Moisés respondeu: *"Uma vara"*. Então Yahweh lhe disse: *"Jogue-a no chão"*. Moisés jogou a vara no chão e ela se transformou em cobra. Moisés, assustado, saiu correndo. Yahweh disse a Moisés: *"Estenda a mão e pegue-a pela cauda"*. Ele estendeu a mão, pegou-a pela cauda, e ela se transformou em vara. Então Yahweh disse: *"Isso é para acreditarem que Yahweh, o Deus dos antepassados deles, o Deus de Abraão, o Deus de Isaac, o Deus de Jacó, apareceu a você"* (Ex 4,2-5). Em seguida, Deus mandou Moisés enfiar a mão no paletó. Mandou tirar a mão, e a mão estava cheia de lepra. Mandou enfiar a mão de novo no paletó, retirar de novo, e a mão estava curada. Esses dois sinais feitos por Moisés no próprio corpo não eram só para convencer o povo, mas muito mais para convencer o próprio Moisés. Mas ele não se convenceu.

Moisés veio com um **quarto pretexto**: *"Não tenho facilidade para falar. Minha boca e minha língua são pesadas"* (Ex 4,10). A resposta de Deus é simples e clara: *"Quem dá a boca para o homem? Quem o torna mudo ou surdo, capaz de ver ou cego? Não sou eu, Yahweh? Agora vá, e eu estarei em sua boca e lhe ensinarei o que você há de falar"* (Ex 4,11).

No fim, Moisés não inventou mais nenhum pretexto e falou claramente: *"Não, meu Senhor, envia o intermediário que quiseres"* (Ex 4,13). Ou seja: "Mande um outro, mas não a mim! Eu não quero". Deus ficou irritado e disse: *"Você tem seu irmão Aarão, o levita. Sei que ele sabe falar bem. Ele está vindo a seu encontro e ficará alegre em ver você. Você vai falar com ele e transmitirá a ele as mensagens. Eu estarei em sua boca e na dele, e ensinarei a vocês o que deverão fazer. Ele falará ao povo no lugar de você: ele será sua boca, e você será um deus para ele. Pegue esta vara na mão: é com ela que você fará os sinais"* (Ex 4,14-17).

- **Moisés aceitou sua missão e viajou para o Egito**

Dessa vez Moisés não reclamou mais e aceitou a missão. Voltou para a casa de seu sogro Jetro e disse: *"Vou voltar para o*

Egito, para ver se meus irmãos ainda vivem". Jetro respondeu: *"Vá em paz!"* (Ex 4,18). Moisés foi.

5. Êxodo 5 a 15

Moisés inicia sua missão e vai ao Faraó (Ex 5,1-5):

1. Deixe meu povo partir, para que celebre uma festa para mim no deserto (v. 1)
2. Faraó: "Quem é este Javé, para que eu deva obedecer a ele?" (v. 2)
3. Altos e baixos da missão: "Faraó: vocês são subversivos" ( )
4. Ajuda renovada de Deus ( )

- **As listas das pragas do Egito do jeito como elas aparecem na Bíblia (Ex 7 a 11):**

  (1) a vara de Moisés virou cobra (Ex 7,8-13)
  (2) a água do rio Nilo virou sangue (Ex 7,14-24)
  (3) a praga das rãs (Ex 7,25–8,11)
  (4) a praga dos mosquitos (Ex 8,12-15)
  (5) a praga das moscas (Ex 8,16-28)
  (6) a praga da peste (Ex 9,1-7)
  (7) a praga dos tumores (Ex 9,8-12)
  (8) a praga do granizo (Ex 9,13-35)
  (9) a praga dos gafanhotos (Ex 10,1-20)
  (10) a praga das trevas (Ex 10,21-29)
  (11) a morte dos primogênitos (Ex 11,4-5)

- **Celebrar a Páscoa: viver em estado permanente de Êxodo (Ex 12 a 13)**
  1. Cordeiro mal assado (Ex 12,1-6)
  2. Sangue nas portas (Ex 12,7)
  3. Pão sem fermento (Ex 12,8)
  4. Comer em pé (Ex 12,11-14)
  5. Meia-noite morte dos primogênitos (Ex 12,29)
  6. Faraó pede para eles saírem do Egito (Ex 12,30-36)

- **Começa a caminhada que vai durar 40 anos (Ex 14 a 15)**
  - O mar fechado, o faraó atrás, o medo do povo, Moisés pede ajuda a Deus.
  - Deus: Mande o povo dar um passo (Ex 14,15).
  - A travessia do Mar Vermelho e o canto da vitória (Ex 15,1-18).
  - Conforme o recenseamento: 603.550 (Nm 1,46; cf. Nm 26,51).

2

O ÊXODO COMO UM PROJETO DE VIDA

A Cartilha da caminhada: Êxodo 15 a 18

Francisco Orofino

Dentre as várias partes que formam o atual livro do Êxodo, com seus quarenta capítulos, temos uma seção que podemos chamar de "A Cartilha da Caminhada do Povo de Deus". Essa unidade compreende os capítulos 15 a 24 do atual livro. Esses dez capítulos podem ser divididos em duas partes:

- Uma primeira parte formada pelos capítulos de 15 a 18 relatando o início da travessia do deserto, logo após o episódio da abertura do mar Vermelho.
- A segunda parte, que vai do capítulo 19 até o 24, descreve a grande celebração da Aliança entre Deus e o povo de Israel, aos pés do monte Sinai, quando o povo recebe de Deus a Lei e os Mandamentos.
- Nossa conversa aqui no Congresso será apenas sobre a primeira parte.

Ex 15 a 18: Aprendendo na prática e da prática

Esses quatro capítulos reúnem episódios significativos, selecionados posteriormente, simbolizando momentos definitivos da caminhada do povo de Israel através do deserto. Esses textos descrevem as dificuldades, as crises e as dúvidas que o povo teve na travessia. Mostram também como o enfrentamento das dificuldades os ajudava a perseverar no caminho. Afinal, nem Moisés sabia direito o caminho para a Terra Prometida. Tiveram de aprender com os próprios erros e com a própria caminhada. Viveram aquilo que diz o poeta: "o caminho se faz ao andar". Mas foram essas dificuldades e experiências do início da caminhada, tanto as positivas quanto as negativas, que ajudaram o povo a se organizar de maneira nova.

Os capítulos 15 a 18 contêm histórias muito simples e bem populares. Percebe-se, na descrição de cada episódio, certo exagero. Mas são texto catequéticos, que aumentam um pouco, não para esconder ou perverter a verdade dos fatos, mas sim para fazer aparecer melhor a mensagem presente nos fatos que ajudam o povo a mudar de mentalidade, mostrando que Êxodo não é apenas sair do Egito, mas é também mudar de mentalidade, abandonando definitivamente o projeto opressor do faraó.

Literariamente, a Cartilha da Caminhada sugere um longo esquema litúrgico. Ou seja, a Cartilha não diz tudo. Aparentemente parece ser um relato seco e sucinto de histórias e de leis ultrapassadas para nós. Mas a Cartilha é como nossos esquemas litúrgicos, ou seja, têm de tudo, mas não dizem tudo. Dão apenas um esquema ou a sequência das várias partes da celebração. A vida de um esquema litúrgico é dada pelo entusiasmo celebrativo da assembleia litúrgica. Isso vale para os textos da Cartilha. Seu objetivo é animar o povo, conservá-lo em sua identidade e mantê-lo na fidelidade aos compromissos da Aliança.

O ponto central dos assuntos elencados na Cartilha é a reação negativa do povo diante de todas as dificuldades que irão surgir ao longo da caminhada (cf. Ex 2,14; 5,21; 6,9; 14,11-12; 15,24; 16,2.7; 17,2-3). Essa reação é padronizada no texto pela palavra "murmuração". Essas murmurações simbolizam as diferentes atitudes de resistência ao processo de libertação conquistado por meio do Êxodo. Essa resistência demonstra que Moisés teve de enfrentar críticas, fofocas, resmungos, reclamações, desânimo, protestos, motins, revoltas. Tudo isso acontecia sempre que o povo desanimava e insinuava que a vida de escravidão no Egito era melhor que o que eles estavam passando na travessia. Os textos dessa primeira parte da Cartilha mostram como essas murmurações foram sendo vencidas.

São estes os assuntos presentes na Cartilha:

1. Ex 15,1-21: A força do canto de vitória vence a murmuração causada pelo medo.
2. Ex 15,22-27: A luz da Lei de Deus vence a murmuração causada pela sede e falta de rumo.
3. Ex 16,1-36: A segurança da partilha vence a murmuração causada pela fome.
4. Ex 17,1-7: A certeza da presença de Deus vence a murmuração causada pela descrença.
5. Ex 17,8-16: O vigor da oração vence a murmuração causada pelo desânimo.
6. Ex 18,1-12: A união das famílias vence a murmuração causada pela divisão.
7. Ex 18, 13-27: A participação nas decisões vence a murmuração causada pela centralização.

Vamos ver rapidamente o conteúdo de cada uma das passagens elencadas acima.

Ex 15,1-21: O canto da vitória

Esse cântico, atribuído a Moisés, na verdade faz um grande resumo da ação de Deus no processo do Êxodo. Ele reúne refrões, preces, hinos costurados por um mesmo motivo: grande é a vitória de YHWH! A costura é feita pelo refrão *"atirou no mar"*, que aparece três vezes: 15,1.4.21.

- Em seguida, temos a primeira reação do povo diante da ação libertadora de Deus (15,2-5). O povo libertado expressa sua fé no Deus Libertador que acabava de revelar seu rosto no povo que está nascendo. Os vv. 4 e 5 trazem o motivo dessa fé: foi Deus quem nos libertou.
- Em seguida, temos uma prece de louvor (15,6-12), em que o povo expressa sua gratidão em resposta aos feitos de Deus. Essa prece desdobra-se em outros fatos ao longo da história nos séculos que vieram depois (15,13-17).
- Em 15,18 está a reafirmação de todo o projeto de Deus ao libertar o povo do Egito: o Reino de Deus. Esse projeto será retomado por Jesus doze séculos depois.
- Em 15,19-21 temos o cântico original, proferido pela profetisa Míriam com as mulheres resumindo tudo.

Ex 15,22-27: A doçura e a luz da lei de Deus

O texto descreve a caminhada de três dias no deserto. Eles encontram água, mas essa não é potável. É amarga. Diante da sede, o povo amargurado pergunta: o que vamos beber? Moisés então eleva a Deus sua prece. Deus lhe mostra uma planta, ou um pedaço de madeira (cf. Eclo 38,5). Moisés joga essa planta na água e ela fica boa de beber (15,22-25a).

Moisés então revela ao povo o significado do fato: Deus coloca o povo à prova, para que o povo mesmo jogue o pedaço da tábua da Lei de Deus nas águas amargas da vida. Assim a vida ficará boa, sem doenças nem amarguras (Ex 15,25b-26).

O povo acolhe e assume o desafio. Colocou a planta da Lei de Deus na vida e, pouco tempo depois, encontraram doze fontes de água boa e abundante, em um oásis com setenta palmeiras e lá acamparam (Ex 15,27).

Ex 16,1-36: A segurança da partilha

O povo já está no 15º dia do segundo mês de caminhada. Faltou comida no deserto. Muita fome. De novo, muita murmuração (16,1-3). O povo sente saudades da comida que recebia no tempo da escravidão no Egito onde, apesar da dureza dos trabalhos forçados, havia pão e carne em abundância.

Deus então promete fazer chover do céu pão e carne, também em abundância. Mas por trás dessa generosidade, na verdade, existe um grande teste: cada pessoa só poderá recolher o necessário para sua sobrevivência daquele dia. Mas na sexta-feira deverão recolher também o necessário para o sábado (16,4-5).

Pacientemente, Moisés e Aarão levam os recados de Deus ao povo reunido (16,6-12).

O texto descreve então o dom do maná e das codornizes. Repete mais uma vez as ordens de YHWH (16,13-16).

O povo obedece a Deus. Cada um recolhe de acordo com suas necessidades e as necessidades de sua família. Nem mais nem menos. Mas sempre há os que desobedecem e recolhem mais do que o necessário. Para os que desobedeceram, apodreceu todo o maná que foi acumulado. Para quem soube recolher o necessário, nada faltou (16,17-21).

O texto entra então na teologia do dia do sábado. Descreve como deve ser o procedimento para esse dia de descanso, no qual não cairá maná do céu. O descanso sabático é sagrado (16,22-30).

O texto conclui com informações gerais sobre o dom do maná, o pão que Deus nos envia do céu (16,31-36). Algumas Bíblias omitem o v. 36.

Esse longo texto nos apresenta o ponto-chave de toda a espiritualidade bíblica: não acumular. Acumular demonstra insegurança e egoísmo. Mas saber partilhar com toda a confiança no grupo, na comunidade. Saber contentar-se com o "pão de cada dia". Tudo o mais é supérfluo. A segurança não está no acúmulo, mas na partilha.

Ex 17,1-7: A grande certeza da presença Deus: *Deus está conosco*

O povo continua a travessia. Novamente surge a sede. Novamente a falta de água leva o povo a murmurar e a reclamar contra Moisés (17,1-3).

Dessa vez a revolta é grande. Moisés fica com medo de ser linchado pelo povo amotinado. Em sua angústia, clama a Deus. A resposta de Deus é um enorme desafio: manda Moisés bater em um rochedo que dele sairá a água para o povo matar a sede (17,4-6a).

Moisés obedece à estranha ordem de Deus e bate na rocha. A água jorrou e o povo matou sua sede. Moisés deu então ao lugar o nome de *Massa* (tentação ou provação) e *Meriba* (discórdia ou contestação) (17,6b-7).

Massa e Meriba são nomes simbólicos porque esse acontecimento é lido em outros textos da Bíblia como sendo as *águas da provação ou da discórdia* (cf. Sl 95,8). O episódio serve para lembrar ao povo de nunca duvidar da certeza central de nossa fé: Deus certamente está conosco! Essa fé se expressa no nome misterioso de Deus: YHWH. Nome que ocorre mais de seis mil vezes no Antigo Testamento. Essa insistência no Nome de Deus quer nos lembrar que podemos duvidar de tudo, menos de uma coisa, a saber: Deus está *sempre* conosco! Jesus é essa certeza. Ele é o Emanuel-Deus conosco.

Ex 17,8-16: A esperança e o vigor da oração

Surge um novo perigo na caminhada pelo deserto: o povo é atacado por inimigos. A tribo dos amalecitas ataca o povo de Israel. Moisés manda então as tropas de Israel, sob o comando de Josué, combater o inimigo. Enquanto isso, Moisés fica rezando na montanha, com a vara de Deus na mão (17,8-9).

Enquanto Josué está combatendo, Moisés, acompanhado de Aarão e de Hur, fica rezando na montanha. Se Moisés, em atitude orante, permanece com as mãos levantadas, Israel vence seus inimigos. Mas com o cansaço, quando Moisés abaixa as mãos, os amalecitas passam a vencer (Ex 17,10-11).

Para vencer seu cansaço e permitir a vitória do povo, Moisés se senta em uma pedra enquanto Aarão e Hur sustentam as mãos de Moisés para o alto, até o pôr do sol. Com essa oração perseverante de Moisés, Josué e o povo alcançam a vitória (17,12-13).

A oração é o caminho da vitória. Deus manda então Moisés escrever esse episódio em um livro, para que o povo nunca esqueça que Deus vencerá todos os inimigos de Israel (17,14).

Para marcar todo esse episódio, Moisés constrói um altar onde escreve o nome *YHWH minha bandeira*. Essa bandeira é a vara de Deus, que Moisés segurava em suas mãos. Essa vara foi usada quase todas as vezes que Moisés teve de provocar um sinal da presença de Deus (cf. Ex 4,17; 7,17-20; 8,1.12; 9,23; 10,13; 14,16). A vara é um símbolo concreto, uma "bandeira", para lembrar ao povo a presença libertadora de Deus caminhando com eles. YHWH, Deus-conosco!

Ex 18,1-12: A união das famílias

Quando jovem, Moisés matou um egípcio e teve de fugir da polícia. Foi para a terra de Madiã. Lá se casou e arrumou um emprego (cf. Ex 2,11-15). Anos depois, Deus o chamou para libertar o povo escravizado no Egito. Moisés foi para o Egito levando sua mulher Séfora e seus dois filhos, Gerson e Eliezer (cf. Ex 4,19-20). Tempos depois, Moisés mandou a família de volta para a casa de seu sogro Jetro, em Madiã (cf. Ex 18,2-4).

Passada toda a luta pela libertação e dentro da caminhada do povo pelo deserto, Jetro vai ao encontro de Moisés levando para ele de volta sua esposa Séfora e seus dois filhos. Dessa forma, Jetro reúne a família dispersa pelo processo do Êxodo. O futuro do povo começa pela reconstrução das casas e pelo reforço dos laços afetivos que unem as famílias (Ex 18,1-7).

A reunião da família é celebrada com uma ceia comunitária. Moisés narra então ao sogro todos os acontecimentos, tanto as facilidades quanto as dificuldades encontradas ao longo da travessia, partilhando com ele tudo o que dá para rir e para chorar. Jetro louva as maravilhas feitas por Deus em favor de seu povo. Toda a memória da travessia e do reencontro dos familiares é festejado com a refeição comunitária, pois a vida nova, com todos os seus momentos, tanto os bons quanto os desagradáveis, é uma Boa-Nova de Deus (Ex 18,8-12).

Ex 18,13-27: A participação de todos nas decisões

Um grande problema na condução do povo era a questão da total centralização das decisões nas mãos de Moisés. O povo era numeroso e os problemas eram muitos. Mas todo o poder de julgar e decidir estava centralizado nas mãos de Moisés, que ainda deveria ler e explicar as leis, os mandamentos e os estatutos. Essa tarefa exigia sua atenção "desde o amanhecer até o anoitecer". Mas no fundo Moisés age como um pequeno faraó, decidindo tudo sozinho. Tiraram o faraó ruim, colocaram um faraó bom, mas o sistema não mudou! Se era para continuar desse jeito, por que sair do Egito? Lá também era assim! Na verdade, o povo estava levando o Egito consigo (Ex 18,13-16).

Jetro, que é de fora, percebe as dificuldades de uma administração centralizada na figura de Moisés e sugere uma reforma administrativa descentralizando as decisões. Criam-se os cargos de juiz ou juíza para melhor "aliviar a carga de Moisés". Os destinos do povo devem ser decididos por todo o povo em Assembleia porque o Espírito de Deus repousa sobre todo o povo e não apenas sobre uns (cf. Nm 11,24-30). O surgimento dos juízes revela o caminho certo para o povo: descentralização e partilha do poder decisório (Ex 18,17-27).

3
AS SUCESSIVAS RELEITURAS DO ÊXODO DENTRO DA BÍBLIA

Revelar ao povo a ternura de Deus

Frei Carlos Mesters

1. Situação do povo no cativeiro
A perda total do quadro de referências: Lamentação 5,1-22

O tema geral do primeiro Congresso Bíblico é o Êxodo. Na primeira palestra vimos como a libertação da escravidão no Egito foi a experiência fundante do Povo de Deus. O Êxodo deixou de ser um simples fato acontecido no passado e tornou-se a marca permanente da identidade e da missão do povo de Deus. Ao longo dos séculos, em cada nova situação e em cada momento crítico, eles faziam releitura da história do Êxodo para saber como continuar fiéis à missão recebida e não perder o rumo da caminhada.

O teste definitivo foram a terrível experiência da destruição de Jerusalém em 587 a.C e o cativeiro de mais de quarenta anos na Babilônia. No mês de agosto de 587 a.C., Nabucodonosor, rei da Babilônia, deu ordem ao general Nabuzardã para destruir Jerusalém, a Cidade Santa (2Rs 25,8-12; Jr 52,12-16). Aquilo foi a noite escura da fé. Tudo aquilo que tinha sido sinal visível da presença de Deus, foi destruído:

- O Templo, destinado a ser a morada eterna de Deus (1Rs 9,3), foi incendiado (2Rs 25,9).
- O Culto, instituído como sinal perpétuo, estava interrompido (Lm 2,6-7).
- Os Sacerdotes, massacrados (Jr 52,24-27) ou levados para o cativeiro (Sl 79,1-3; Lm 4,16).
- A Monarquia, que sempre teria Davi no trono (2Sm 7,16), já não existia mais (2Rs 25,7).
- A Cidade de Jerusalém, residência divina (Sl 132,13-14), foi destruída (Lm 1,6; 2,1-10).
- A Terra, prometida a Abraão (Gn 13,15), passou a ser dos inimigos (2Rs 25,12; Jer 39,10; 52,16).

Perderam o quadro de referências. Tudo mudou! A imagem do Deus vitorioso da época da monarquia quebrou em mil pedaços. Eles agora se encontram em uma situação totalmente diferente: sem território próprio, sem poder político, sem rei, sem templo, *sem notícia para anunciar*. Agora, eles são apenas um grupo étnico perdido no meio de outros grupos étnicos em um império multicultural e multirreligioso com muitas divindades estrangeiras. Já não passam de uma minoria escravizada, sem nenhum privilégio, sem nenhuma preferência, procurando sobreviver no meio das tensões, sem horizonte, sem poder entender o porquê dessa tragédia.

Eis o resumo de como a *5ª Lamentação* relata a terrível experiência do cativeiro (5,1-22):

- nossa herança e nossa casa para morar estão na mão dos estrangeiros (5,2);
- nosso pai foi morto, nossas mães são viúvas; somos órfãos (5,3);

- temos de comprar a água que bebemos, e a lenha para o fogão é paga (5,4);
- com a canga no pescoço temos de trabalhar, sem descanso, sem folga (5,5);
- nossos pais pecaram e já morreram, e nós é que pagamos a culpa (5,7);
- os que agora mandam em nós é gente que era escrava (5,8),
- não há quem possa libertar-nos de sua mão (5,8);
- arriscamos a vida por um pedaço de pão; muita fome (5,9);
- violentaram nossas mulheres, estrangularam nossos chefes (5,11-12);
- os jovens devem girar o moinho, e os anciãos já não participam do conselho (5,13-14);
- a alegria acabou; luto em vez de dança (5,15);
- ai de nós, porque pecamos! O coração está doente, os olhos embaçados (5,16-17);
- Sião, a cidade de Jerusalém, foi destruída e virou refúgio das raposas (5,18);
- Mas Tu, Yahweh, permaneces para sempre (5,19);
- Por que te esqueces de nós para sempre e nos abandonas por tanto tempo? (5,20);
- Faze que voltemos para ti, e voltaremos; renova os tempos passados! (5,21);
- E a terrível dúvida final: *"Ou será que nos rejeitaste de uma vez? Será que a tua cólera não tem limites?"* (5,22).

Essa era a situação do povo no cativeiro da Babilônia. A conclusão de muitos era esta: *"Yahweh me abandonou, o Senhor se esqueceu de mim"* (Is 49,14). A grande pergunta era esta: Como entender essa tragédia do cativeiro? (Sl 44,18-25; Sl 77,6-10; 89,39-47). Será que Deus parou de falar? (Sl 77,9; cf. Sl 74,9; 99,6-8). Será que ele nos abandonou? Silêncio de Deus! Crise da fé! Qual a saída? Existe saída? A maioria se acomodou e se adaptou ao sistema dos deuses do império da Babilônia, como hoje, muita gente se adapta ao sistema do império neoliberal.

Alguns ficaram com o sistema antigo da monarquia na cabeça. Zorobabel, descendente da casa real, Josué, o sumo sacerdote, e o profeta Ageu tentaram reeditar o passado: voltar para Jerusalém, e reconstruir o templo e a monarquia (Zc 3,1-9; Esd 1,1-11; 2,1-2; Ne 7,6-7), mas não tiveram êxito. Esdras e Neemias, já no século seguinte, queriam uma Jerusalém reedificada como símbolo da unidade do Povo de Deus espalhado pelo mundo. Insistiam na observância da lei e em viver separado dos outros povos. Chegaram ao ponto de expulsar as mulheres estrangeiras para reforçar a consciência de povo eleito (Esd 9,1 a 10,17). Não tiveram futuro.

2. O Caminho dos profetas: *A busca de um novo quadro de referências*

Jeremias, Isaías e outros profetas procuraram a saída por um outro caminho. Eles se perguntavam: O que será que Deus nos quer dizer com essa tragédia da destruição de Jerusalém e do cativeiro? Na raiz de sua busca estava essa dupla experiência: de um lado, o fracasso trágico e total do sistema da monarquia e, de outro lado, a luz escura da fé que lhes dizia Deus continua sendo Yahweh, presença real no meio de nós, Emanuel, Deus-conosco.

- **A total escuridão do cativeiro sem nenhum quadro de referências**

Depois do desastre do cativeiro da Babilônia, parecia não haver mais saída, humanamente falando. Como a 5ª Lamentação, também a 3ª Lamentação retrata bem o sofrimento e o desespero do povo. É terrível e quase chocante a explicação do sofrimento que transparece na 3ª Lamentação, na qual Deus aparece como o grande culpado de tudo:

> "Eu sou o homem que conheceu a dor de perto, sob o chicote de sua ira. Ele (Deus) me conduziu e me fez andar nas trevas e não na luz. Ele volve e revolve contra mim sua mão, o dia todo. Consumiu minha carne e minha pele, e quebrou meus ossos. A meu redor, armou um cerco de veneno e amargura, fez-me morar nas trevas como os defuntos, enterrados há muito tempo. Cercou-me qual muro sem saída, e acorrentado, me prendeu. Clamar ou gritar de nada vale, ele está surdo a minha súplica. ... Fugiu a paz de meu espírito, a felicidade acabou. Eu digo: 'Acabaram-se minhas forças e minha esperança em Yahweh'" (Lm 3,1-8.17-18).

A imagem de Deus, que transparece nas entrelinhas desse lamento, parece a de um carrasco que só quer castigar e vingar. Quem olhar a vida e a natureza com essa imagem de Deus nos olhos nunca irá redescobrir a presença amorosa de Deus na vida. Mas, logo em seguida, na mesma 3ª Lamentação, o mesmo lamento continua dizendo a Deus:

> *"Lembra-te de minha miséria e meu sofrimento, o fel que me envenena. Guardo triste essa lembrança e me sinto abatido. Mas existe alguma coisa que eu lembro e me dá esperança: o amor*

> *de Yahweh não acaba jamais e sua compaixão não tem fim. Pelo contrário, renovam-se a cada manhã: 'Como é grande a tua fidelidade!' Digo a mim mesmo: 'Yahweh é minha herança', por isso nele espero. Yahweh é bom para os que nele esperam e o procuram. É bom esperar em silêncio a salvação de Yahweh"* (Lm 3,19-26).

- **A luz escura da fé lhes dizia: Deus continua sendo Yahweh, Deus-conosco**

No mais fundo da memória do povo existe algo que acordou e que fez o povo ter esperança. O Lamento entrou em uma curva que aponta para o novo horizonte, despertado pelo nome **Yahweh**. A palavra-chave é **recordar**, lembrar. **Re-cordar** significa *fazer passar tudo de novo pela memória do coração.* A pessoa não foge do confronto com seu passado. A dor, causada pela destruição de Jerusalém e pela desintegração violenta do povo, tem algo a lhe dizer, em nome de **Yahweh**. Sem medo, ela começa a recordar, a mexer na ferida, pois lá no mais fundo da memória do coração existe algo ***"que me faz ter esperança!"*** Por isso a pessoa aguenta, sem desfalecer. O nome **Yahweh** é o fundamento dessa teimosia. Algo começou a renascer no meio da dor.

A teimosia da fé leva a pessoa ficar diante de Deus, até que apareça a resposta. Diz a Lamentação: "É bom esperar em silêncio a salvação de Javé" (Lm 3,26). Aqui aparece a palavra *hesed,* חֶסֶד *Amor fiel.* É a palavra central da Aliança. Indica tudo aquilo que Yahweh fez e continua fazendo pelo povo. No lamento, a partir desse momento, Deus não é mais **ELE**. Deixou de ser um poder anônimo, e é chamado pelo nome **Yahweh**, o nome de sempre. A lembrança do Nome do bem-amado abriu a janela para a luz poder entrar por várias entradas que continuam atuais até hoje.

- **A luz nova que veio por meio da nova leitura da natureza**

Naquele desespero do cativeiro, o profeta Jeremias encontrou motivos de esperança. É como se ele dissesse ao povo: Vocês dizem que Deus já não cuida de nós; e que deixamos de ser povo de Deus! Eu digo para vocês: Deus não nos abandonou. E sabem por quê? É que o sol vai nascer amanhã. Cada manhã, por meio da sequência dos dias e das noites, Deus nos fala ao coração e nos diz: *"Como é certo que eu criei o dia e a noite e estabeleci as leis do céu e da terra, também é certo que não rejeitarei a descendência de Javé e de meu servo Davi"* (Jr 33,25-26; cf. Jr 31,35-36). *"Se vocês puderem romper minha aliança com o dia e com a noite, de modo que já não haverá mais dia nem noite no tempo certo, também será rompida minha aliança com meu servo Davi"* (Jr 33,20-21).

A certeza do nascer do sol no dia seguinte não depende do rei Nabucodonosor, nem dos poderes deste mundo, nem de nossa observância da lei, mas está impressa na lógica da criação. É promessa gratuita que não falha, expressão da fidelidade de Deus. Nabucodonosor pode ser forte, mas ele não consegue impedir o nascimento do sol. Nossa infidelidade pode ter sido grande, mas ela não impede o nascimento do sol!

Jeremias abriu um largo horizonte e ajudou o povo a ler a natureza com um novo olhar. Era nos fenômenos da criação que ele via um sinal da presença de Deus e de sua fidelidade para com o povo: na sequência inalterada dos dias e das noites; no sol que se levanta todos os dias sobre a cidade destruída; na lua minguante e crescente; na alternância das estações do ano: primavera, verão, outono e inverno; nas chuvas, nas plantas e sementes etc. Tudo isso era para Jeremias um sinal da certeza de que Deus continuava fiel a seu povo e de que Ele não havia rompido sua aliança, como alguns andavam dizendo (cf. Is 49,14). A natureza tornou-se sinal transparente da presença gratuita de Deus no meio de seu povo. Deus continuava sendo **Yahweh**, presença amorosa no meio do povo.

- **A luz nova que veio por meio da experiência do amor de mãe**

A presença de Deus na natureza é pura gratuidade, expressão do bem-querer do Criador, expressão do amor gratuito e eterno de Deus. *"De longe Deus me apareceu: eu amei você com amor eterno; por isso conservei meu amor por você"* (Jr 31,3).

E esta outra frase de Isaías: *"Pode a mãe se esquecer de seu nenê, pode ela deixar de ter amor pelo filho de suas entranhas? Ainda que ela se esqueça, eu não me esquecerei de você"* (Is 49,15). E mais esta: *"Em um ímpeto de ira, por um momento eu escondi de você meu rosto; mas agora, com amor eterno, volto a me compadecer de você, diz Yahweh, seu redentor"* (Is 54,8).

É como se Deus dissesse ao povo: "Depois de tudo que você fez, você já não mereceria ser amada. Mas meu amor por você não depende do que você fez ou faz por mim ou contra mim. Quando comecei a amar você, eu o fiz com um amor *eterno*. Por isso, apesar de tudo que você me fez, apesar de todos os seus defeitos, eu gosto de você, mesmo você me matando, eu amo você para **sempre**!" Amor eterno! Foram os profetas que souberam redescobrir essa dimensão infinita do amor gratuito de Deus (cf. Is 41,8-14; 49,15; Jr 31,31-37; Os 2,16).

Jesus confirmou esse amor sem limites, quando perdoou o soldado que o estava matando na cruz: *"Pai, perdoa-lhes! Eles não sabem o que estão fazendo!"* (Lc 23,34) e quando contou a parábola do filho pródigo que pediu a herança ao pai (Lc 15,11-32). Herança só começa a funcionar na morte do pai. O rapaz queria a morte do pai, e o pai o acolheu, sem sequer mencionar o desatino do filho.

- **A luz nova que veio da descoberta da Palavra de Deus guardada na memória**

Eles não tinham mais templo, nem rei, nem terra, nem sacrifícios. Perderam tudo! A única coisa que sobrou era a *memória* do que Deus tinha feito no passado. Eles começam a lembrar, não para aumentar a saudade, nem para refazer o passado, mas para tirar lição e descobrir um novo horizonte para sua esperança. Descobrem a Palavra de Deus. Isaias dizia: *"Todo ser humano é erva e toda a sua beleza é como a flor do campo: a erva seca, a flor murcha, quando sobre elas sopra o vento de Yahweh; a erva seca, a flor murcha, mas a palavra de nosso Deus se realiza sempre"* (Is 40,7-8).

Meditando a ação da Palavra de Deus no passado e na natureza, descobrem a força dessa Palavra que os conduzia. Deus criou o mundo pronunciando os nomes das criaturas: *"Ele diz e a coisa acontece, ele ordena e ela se afirma"* (Sl 33,9). Antes da ação criadora havia o caos, feito de trevas, águas e deserto (Gn 1,2), imagens de morte que simbolizavam o cativeiro (cf. Lm 3,6.54). Mas Deus enfrentou o caos com sua palavra criadora, venceu as trevas, as águas, o deserto. Criou o cosmos, a harmonia, que serve à vida. Os capítulos 40 a 66 de Isaías são os capítulos de toda a Bíblia que mais falam, direta ou indiretamente, da ação **criadora** de Deus (cf. Is 40,8.12.22. 26.28; 41,20; 42,5.9; 43,7.15.19; 44,2.24; etc.). Ao lado da *Lei da Aliança* entregue ao povo no Monte Sinai, havia a *Lei da Criação*. Como fez para o povo, assim Deus fez para as criaturas: *"fixou-lhes uma lei que jamais passará"* (Sl 148,6).

A Lei da Aliança tinha em seu centro as **Dez Palavras** da Aliança (os Dez Mandamentos) (Ex 20,1-17; Dt 5,6-22). A narrativa da Criação também tem ***Dez Palavras*** divinas em seu centro, pois o autor desse texto repetiu exatamente dez vezes a mesma expressão "**e Deus disse**" (Gn 1,3.6.9.11.14.20.22.24.26.28). São as

Dez Palavras da Criação, em seis dias! A harmonia do universo é fruto da obediência das criaturas às Dez Palavras com que Deus enfrentou o caos. As criaturas todas sempre observam a Lei da Criação. Por isso existe a harmonia na natureza. No *Pai-Nosso* Jesus pede: *"Seja feita vossa vontade assim na terra como no céu"*. Jesus quer que cheguemos a observar a Lei da Aliança com a mesma perfeição com que o sol e as estrelas lá no céu observam a Lei da Criação. Assim podemos criar entre nós a mesma harmonia.

Na contemplação da harmonia do universo o povo descobre como ser fiel à aliança. Ação libertadora e ação criadora se identificam. História e Natureza, ambas revelam a presença de Yahweh, Deus criador e libertador.

- **A nova descoberta da Missão**

A nova experiência de Deus no cativeiro levou o povo a uma clareza maior a respeito de sua missão como povo eleito: não mais como povo eleito acima dos outros povos, mas sim como povo *servo*. Os quatro cânticos do Servo de Javé, espalhados pelos capítulos 40 a 66 do livro de Isaías, falam dessa missão (Is 42,1-9; 49,1-6; 50,4-9; 52,13-53,12). São uma espécie de cartilha para ajudar o povo do cativeiro a descobrir e assumir sua missão como servo de Deus.

O Servo de Yahweh de quem falam os quatro cânticos não é um indivíduo, mas é o próprio povo sofredor chamado a ser o Servo de Deus. Os capítulos 40 a 66 são como a moldura ao redor de um quadro. O quadro (o texto dos quatro cânticos) não diz quem é o Servo, mas a moldura (o contexto de Isaías 40 a 66) informa claramente que o Servo é o próprio povo. Basta verificar os textos: Is 41,8-9; 42,18-20; 43,10; 44,1-2; 44,21; 45,4; 48,20; 54,17. Todos eles, de uma ou de outra maneira, falam do Servo como sendo o próprio povo exilado.

No primeiro cântico (Is 42,1-9), Deus apresenta seu Servo e diz qual a missão que ele vai realizar. No segundo cântico (Is 49,1-6), o próprio Servo conta como foi difícil descobrir e aceitar essa sua missão como Servo de Deus. No terceiro cântico (Is 50,4-9), o Servo relata como ele assume e executa sua missão, apesar das perseguições. No quarto cântico (Is 52,13 a 53,12) as pessoas, convertidas pelo testemunho do Servo, contam como o testemunho do Servo sofredor provocou nelas a conversão. Elas reconhecem que foi graças ao sofrimento do Servo que elas foram salvas. No fim, o breve resumo dos quatro cânticos (Is 61,1-2) é o texto que Jesus escolheu para apresentar-se com sua missão diante da comunidade na sinagoga de Nazaré (Lc 4,18). Jesus viveu e realizou a missão do Servo de Deus.

3. A nova pastoral que transparece na prática dos profetas – *Revelar a ternura de Deus ao povo que vivia oprimido no cativeiro*

- **Acolher o povo com muita ternura**

Para quem vive machucado, na solidão do cativeiro, não bastam as advertências e as ameaças, para que ele levante a cabeça, tenha esperança e comece a enxergar a situação com otimismo renovado. É necessário, antes de tudo, cuidar das feridas do coração, acolhendo-o com muita ternura e bondade. As primeiras palavras: *"Consolai! Consolai meu povo!"* (Is 40,1) ressoam pelas páginas do livro de Isaías, do começo ao fim, sobretudo nos capítulos 40 a 66.

Os discípulos de Isaías procuravam ser essa presença acolhedora junto a seus irmãos lá no cativeiro. Eles têm uma conversa atenciosa, cheia de ternura e consolo, de encorajamento e acolhimento. *"Não gritam nem apagam a vela que ainda solta um pouco de fumaça"* (Is 42,2-3). Machucados, não machucam. Oprimidos pela situação em que se encontram, não oprimem, mas tratam e acolhem o povo com muito respeito. Não reproduzem o sistema opressor. Usam uma linguagem simples, concreta e direta, em uma atitude de ternura nunca vista antes, que funciona como bálsamo, e dispõe as pessoas para olhar a realidade com mais objetividade.

Eis alguns desses textos que nos dão uma ideia de como os discípulos do profeta Isaías trabalhavam com o povo que vivia no cativeiro. São muitos textos. Eis uma lista: Is **54**,7-8; Is **41**,9-10; Is **41**,13-14; Is **40**,1-2ª; **43**,1-5; **44**,2; 46,3-4; **49**,13-16; etc. Leia devagar. São textos que o profeta, em nome de Deus, dirige a um povo desanimado. Eles falam ao coração e tentam reanimar a fé do povo oprimido e abandonado:

- **Ensinar dialogando em pé de igualdade**

Eles têm uma atitude de escuta e de diálogo. Conversam, fazem perguntas, questionam, criticam, levam o povo a refletir sobre os fatos (cf. Is 40,12-14.21.25-27; etc.). Ensinam dialogando em pé de igualdade com o povo. Esse jeito de ensinar é próprio de quem se considera discípulo e não dono da verdade (Is 50,4-5). Um discípulo não absolutiza seu próprio pensamento, nem impõe suas ideias, mas ensina escutando e aprendendo dos outros.

Eis um exemplo dessa atitude de diálogo: *"Por que dizes tu, Jacó, e por que afirmas tu, Israel: 'Meu caminho está oculto a Javé; meu direito passa despercebido a Deus?' Então não sabes? Por acaso não ouviste isto? Javé é um Deus eterno, criador das regiões mais remotas da terra. Ele não se cansa nem se fatiga, sua inteligência é insondável"* (Is 40,27-28).

- **Reunir o povo para rezar a Deus e falar da vida**

É nesse mesmo período do cativeiro que se começa a insistir na observância do antigo preceito do sábado (Is 56,2.4; 58,13-14; 66,23; Gn 2,2-3). É para que o povo tenha ao menos um dia por semana para se encontrar, partilhar sua fé, louvar a Deus e animar-se mutuamente. Por exemplo, eles fazem reunião de noite, fora de casa, e perguntam: *"Levantem os olhos para o céu e observem: Quem criou tudo isso? É aquele que organiza e põe em marcha o exército das estrelas, chamando cada uma pelo nome. Tão grande é seu poder e tão firme sua força, que nenhuma delas deixa de se apresentar. Jacó, por que você anda falando, e você, Israel, por que anda dizendo: "Javé desconhece meu caminho e meu Deus ignora minha causa?"* (Is 40,26-27).

- **Fazer nascer consciência crítica**

O desânimo dos exilados era muito grande. Eles eram como o profeta Elias deitado debaixo da árvore querendo morrer (1Rs 19,4). Até para cantar tinham perdido o gosto (Sl 137,1-6). Esse desânimo tinha duas causas: uma *externa*, a destruição de Jerusalém, o exílio, a perda de todos os apoios; a outra *interna*, a falta de visão e de fé. Deus parecia ter perdido o controle da situação. Nabucodonosor parecia ser o dono da história. Os discípulos de Isaías atacam as duas causas: desfazem o peso da opressão e enchem o vazio do coração.

Para desfazer o peso da opressão eles usam o bom senso e fazem uma análise crítica da realidade. Desmascaram o poder que os oprime e a ideologia dominante que os engana. Tudo é analisado e criticado com ironia e precisão, e confrontado com a nova visão que a fé em Deus lhes comunica:

1. os príncipes e os juízes (Is 40,23);
2. os adivinhos e os sábios (Is 44,25);

3. os governantes (Is 41,25);
4. as nações do mundo (Is 40,15.17.22);
5. a orgulhosa Babilônia (Is 47,1-15);
6. os ídolos (Is 41,24.29; 40,18-20; 41,6-7.21-29);
7. seus adoradores (Is 44,20).

Essa análise crítica da realidade concentra-se, sobretudo, na denúncia detalhada e irônica do culto aos ídolos que falsificavam a vida humana (Is 44,18-20).

Para encher o vazio do coração eles ajudam o povo a perceber que Deus continua no controle dos fatos. A história não escapou de suas mãos. Os acontecimentos duros da história que tanto pesavam, é Yahweh que, por meio deles, realiza seu plano (Is 55,8-11). O próprio exílio é visto como instrumento de educação do povo por parte de Javé (Is 54,7-8). Babilônia, a opressora, é vista como o meio, usado por Deus, para corrigir o povo (Is 42,24; 47,6). Nas reuniões semanais eles refrescam a memória (Is 43,26; 46,9), contam as histórias de Noé, de Abraão e Sara (cf. Is 51,1-2), da Criação, lembram o êxodo (Is 43,16-17), apontam os fatos da política e perguntam: "Quem é que faz tudo isto?" (Is 41,2). A resposta é sempre esta: "É Yahweh, o Deus do povo, nosso Deus!"

Desse modo, enchendo o vazio do coração (*causa interna*) e enfraquecendo o peso da opresso (*causa externa*), eles deslocam o peso da balança. O povo se equilibra de novo na vida. Agora, já não é a perseguição que enfraquece a fé, mas sim a fé renovada e esclarecida que enfraquece o poder dos poderosos. A face de Deus reaparece na vida. O povo, animado por essa Boa Notícia, desperta (Is 51,9.17; 52,1), põe-se de pé (Is 60,1), começa a cantar (Is 42,10; 49,13; 54,1; 61,10; 63,7) e a resistir (Is 48,20).

- **Ser uma presença viva da Boa-Nova de Deus**

Por este seu jeito diferente de conviver e de tratar com o povo, os discípulos não só falam sobre Deus, mas também o revelam; comunicam algo daquilo que eles mesmos vivem. Deus se faz presente nessa atitude de ternura e de diálogo. Eles mesmos são uma Boa-Nova de Deus! O povo se dá conta de que o Deus dos discípulos é diferente do deus da Babilônia, diferente também da imagem de Deus que eles ainda carregavam na memória, desde os tempos da monarquia, de antes da destruição do Templo. Assim, aos poucos, os olhos se abrem. O povo começa a perceber algo do novo que estava acontecendo. *"Não estão vendo?"* (Is 43,19) Foi necessária muita paciência da parte dos discípulos, para que aquele povo exilado se reanimasse a crer novamente em si mesmo e em Deus e se levantasse para continuar na missão (Is 49,4.14).

Não se trata de uma doutrina a ser ensinada, nem de uma moral ou disciplina a ser observada. Anunciar a Boa-Nova de Deus é apontar e irradiar para os outros aquilo que eles mesmos estão vivendo; é apontar a presença do Reino que já existia na vida do povo e na natureza e que vai sendo revelada e explicitada pelo anúncio dos discípulos de Isaías; é apontar fatos concretos, pequenos ou grandes, onde a vitória do Reinado de Deus já está acontecendo, e apresentá-los de tal maneira que apareça essa dimensão escondida da presença vitoriosa do Reino de Deus. *"Como são belos, sobre os montes, os pés do mensageiro que anuncia a paz, do que proclama boas-novas e anuncia a salvação, do que diz a Sião: 'O teu Deus reina'"* (Is 52,7).

- **Reler e atualizar os valores do passado**

A nova experiência de Deus lá no cativeiro ajudou-os a perceber os erros e enganos, dentro dos quais a imagem de Deus tinha sido aprisionada pela ideologia dos reis. Ela é fonte de luz para reler, repensar e atualizar, um por um, os valores do passado, libertá-los dos erros e das limitações e adaptá-los à nova situação. Eles mantêm as mesmas palavras, mas dão a elas um novo sentido e as colocam na nova perspectiva:

1. O *povo de Deus* já não é uma raça, pois agora também os estrangeiros fazem parte (Is 56,3.6-7).
2. O *templo* já não será só para os judeus, mas será casa de oração para todos os povos (Is 56,7).
3. O *culto* é universal, pois os estrangeiros dele participam (Is 56,6-7).
4. O *sacerdócio* não é só de Levi pois estrangeiros receberão o mesmo sacerdócio (Is 66,20-21).
5. O *reino* já não é a monarquia de Davi, mas é o Reino Universal do próprio Deus (Is 52,7; 43,15).
6. O *messias*, (ungido) não é só o rei davídico, mas também Ciro, o Rei dos persas (Is 45,1; 44,28).
7. A *eleição* já não é um privilégio, mas um serviço a ser prestado a toda a humanidade (Is 42,1-4).
8. A *lei de Deus* não é só de Israel, ela será de todos os povos que nela encontram a luz (Is 2,1-5).
9. *Jerusalém* não é capital de Judá, mas o centro de peregrinação de todos os povos (Is 60,1-7).
10. As *promessas*, que eram somente para Davi, agora são para todo o povo (Is 55,3-5).
11. A Dispersão do Cativeiro não é mais vista como um castigo, mas é para o povo de Deus poder estar presente em todos os povos para anunciar o Reino de Deus. A *missão do povo de Deus* não é ser um grupo separado, mas ser a "Luz das Nações" (Is 42,6; 49,6).

11

O ÊXODO DE JESUS

O Êxodo como processo pedagógico de conversão

4
JESUS, A EXPERIÊNCIA FUNDANTE DO NOVO POVO DE DEUS:

A prática libertadora de Jesus

Francisco Orofino

Preparada por João Batista (Mc 1,1-8), a Boa-Nova do Reino de Deus foi proclamada pelo Pai na hora do batismo de Jesus (Mc 1,9-11); foi testada e provada por Jesus durante os quarenta dias no deserto (Mc 1,12-13), e agora ele faz o solene anúncio ao povo: "Depois que João Batista foi preso, Jesus voltou para a Galileia, pregando a Boa-Nova de Deus: O tempo já se cumpriu, e o Reino de Deus está próximo. Convertam-se e acreditem na Boa Notícia" (Mc 1,14-15).

A prisão de João Batista não assustou a Jesus! Pelo contrário! Ele viu nela um sinal da *chegada da Boa-Nova do Reino* com seus quatro pontos centrais:

1. *O tempo já se cumpriu*
2. *O Reino de Deus está próximo*
3. *Convertei-vos*
4. *Crede na Boa Notícia!* (Mc 1,14-15).

Esses quatro pontos são um resumo de toda a pregação de Jesus e que apontam para sua proposta de um novo Êxodo. Eles têm um significado importante que merece uma breve explicação:

1. **O tempo já se cumpriu!** Para os fariseus, o tempo ainda não tinha se esgotado. Faltava muito para o Reino chegar. Para eles, o Reino só chegaria depois que o povo estivesse observando plenamente a Lei de Deus. Jesus tem outra maneira de ler os fatos. Ele diz que *o tempo já se cumpriu*. Deus está presente! Nós temos de ir ao encontro dele e recebê-lo em nossa vida.
2. **O Reino de Deus está próximo!** Para os fariseus, a chegada do Reino dependia do esforço pessoal deles. O Reino só chegaria depois que eles tivessem realizado sua parte, a saber: observar toda a lei. Jesus diz o contrário. O Reino estava próximo! Já estava aí! Aquilo que todos esperavam, já estava presente no meio do povo, e eles não o percebiam (cf. Lc 17,21). Jesus o percebeu! Pois ele lia a realidade com um olhar diferente. E é essa presença escondida do Reino no meio do povo que Jesus vai revelar aos pobres. É essa semente do Reino que vai receber a chuva de sua palavra e o calor de seu amor.
3. **Convertei-vos!** Alguns traduzem: *Façam penitência*. Outros: *Arrependam-se*. O significado correto é: *converter-se, mudar o modo de pensar, mudar a cabeça*. Para poder perceber a presença escondida do Reino, a pessoa terá de mudar seu modo de pensar e de se relacionar consigo mesmo, com as outras pessoas e com Deus. Terá de permitir que a nova experiência de Deus, anunciada por Jesus, dê-lhe olhos novos para poder perceber a presença escondida do Reino "no meio de nós".
4. **Crede na Boa Notícia!** Não era fácil aceitar a mensagem. Não é fácil você começar a pensar diferente de tudo que você aprendeu, desde pequeno. Isso só é possível por meio de um ato de fé. Quando alguém vem trazer uma

notícia diferente, difícil de ser aceita, você só aceita se a pessoa que traz a notícia for de confiança. Aí, você dirá aos outros: "Pode aceitar! Eu conheço a pessoa! Ela não engana não. É de confiança. Fala a verdade!" Jesus é de confiança! Pode crer na boa notícia que ele anuncia!

Jesus se coloca do lado dos excluídos e marginalizados

Jesus anuncia o Reino para todos! Não exclui ninguém. Mas ele o anuncia a partir dos pobres e dos excluídos. Jesus oferece um lugar aos que não tinham um lugar na convivência humana. Recebe como irmão e irmã os que a religião e o governo desprezavam ou excluíam:

- ***prostitutas*** são preferidas aos fariseus (Mt 21,31-32; Lc 7,37-50);
- ***publicanos*** tem precedência sobre os escribas (Lc 18,9-14; 19,1-10);
- ***leprosos*** são acolhidos e purificados (Mt 8,2-3; 11,5; Lc 17,12) e os sacerdotes são obrigados a dar-lhes a confirmação de sua purificação (Lc 17,14; Mc 1,44; Mt 8,2-4);
- ***doentes*** são curados em dia de sábado (Mt 8,17; Mc 3,1-5; Lc 14,1-6; 13,10-13);
- ***mulheres*** fazem parte do grupo que acompanha Jesus (Lc 8,1-3; 23,49-55);
- ***crianças*** são apresentadas como professores de adultos (Mt 18,1-4; 19,13-15; Lc 9,47-48);
- ***o povo humilde*** entende o mistério do Reino melhor que sábios e doutores (Mt 11,25-26);

- ***samaritanos*** são apresentados como modelo para os judeus (Lc 10,33; 17,16);
- ***famintos*** são acolhidos como rebanho sem pastor (Mc 6,34; Mt 9,36; 15,32), e Jesus lhes dá de comer (Jo 6,5-11), provocando neles a partilha (Jo 6,9);
- ***cegos*** recebem a visão (Mc 8,22-26; Mc 10,46-52), e fariseus são declarados cegos (Mt 23, 16);
- ***coxos*** são curados e sua cura é sinal de que Jesus pode perdoar pecados (Mc 2,1-12; Mt 1,15);
- ***possessos*** são libertados e a expulsão dos demônios é sinal de que o Reino chegou (Lc 11,14-20);
- ***a mulher adúltera*** é acolhida contra os que queriam apedrejá-la em nome da lei (Jo 8,2-11);
- ***a mulher curvada*** 18 anos é defendida e curada no sábado dentro da sinagoga (Lc 13,10-17);
- ***estrangeiros*** o oficial romano e a mulher cananeia são acolhidos por Jesus (Lc 7,2-10; Mc 7,24-30);
- ***mendigos***, como Lázaro, recebem a vida eterna e o ricaço vai para o inferno (Lc 16, 19-31);
- ***o ladrão*** condenado à morte pelas leis humanas é recebido por Jesus no Reino (Lc 23,40-43);
- ***pescadores*** se tornam discípulos (Mc 1,16-20), e nos Doze não há nenhum doutor ou escriba;
- ***zelotes*** estão no grupo de Jesus (Mt 10,4; Mc 3,18) junto com Levi, o publicano (Mc 2,14);
- ***pobres*** o Reino de Deus é deles (Mt 5,3; Lc 6,20) e não é dos ricos (Lc 6,24).

Resumindo: Jesus acolhe com amor e carinho e convida para caminhar com ele:

- os ***imorais***: prostitutas e pecadores (Mt 21,31-32; Mc 2,15; Lc 7,37-50; Jo 8,2-11),
- os ***hereges***: pagãos e samaritanos (Lc 7,2-10; 17,16; Mc 7,24-30; Jo 4,7-42);
- os ***impuros***: leprosos e possessos (Mt 8,2-4; Lc 11,14-22; 17,12-14; Mc 1,25-26);
- os ***marginalizados***: mulheres, crianças e doentes (Mc 1,32; Mt 8,17; Lc 8,2s);
- os ***opressores***: publicanos, romanos e soldados (Lc 7,2-10; 18,9-14;19,1-10);
- o ***povo da terra, os pobres*** sem poder (Mt 5,3; Lc 6,20.24; Mt 11,25-26).

Jesus combate as divisões injustas, criadas pelos homens

As divisões e oposições existentes no meio do povo tinham sua origem nas relações de produção e nas normas da cultura, da raça e da religião. Várias dessas divisões contradiziam a vontade do Pai, pois por causa delas muita gente vivia marginalizada, sem esperança de um dia poder obter uma vida melhor. E, muitas vezes, tudo isso era sacralizado e legitimado em nome de Deus, por meio de uma interpretação errada da lei de Deus.

Jesus denuncia essas divisões e as combate por meio de atitudes bem concretas:

1. A divisão entre judeu e não judeu

- Jesus acolhe os pagãos que o procuravam: ele entra na casa do centurião (Lc 7,6);
- conversa com a samaritana e convive dois dias com os samaritanos (Jo 4,7-9.39-42);
- elogia a fé do centurião romano e vai na casa dele (Lc 7,1-10);
- atende ao pedido do funcionário do rei pelo filho doente (Jo 4,46-53);
- coloca um samaritano como exemplo para levitas e sacerdotes (Lc 10,30-37);
- no contato com a mulher Cananeia, o próprio Jesus descobre que ele [Jesus] é enviado por Deus não só para os judeus, mas para todas as raças, culturas e religiões (Mt 15,24-28), pois, para Deus, somos todos são iguais.

2. A divisão entre ações santas e profanas

As ações santas eram esmola, oração e jejum. Jesus denuncia os fariseus e os doutores que, em nome da Lei de Deus, sacralizavam ações profanas: lavar mãos, lavar copos, jarras e vasilhas de cobre (Mc 7,3). Sacralizavam ações mesquinhas e esqueciam a justiça e o amor. Ele dizia: *"Vocês esvaziam a Palavra de Deus com a tradição que vocês transmitem"* (Mc 7,13). Jesus redimensiona ações santas:

- ***A esmola:*** *"Quando você der esmola, que sua esquerda não saiba o que a sua direita faz, para que a sua esmola fique escondida; e seu Pai, que vê o escondido, recompensará você"* (Mt 6,3-4).

- ***A oração:*** *"Quando vocês rezarem, não usem muitas palavras, como fazem os pagãos. Eles pensam que serão ouvidos por causa de seu palavreado. Não sejam como eles, pois o Pai de vocês sabe do que é que vocês precisam, ainda antes que vocês façam o pedido"* (Mt 6,7-8).
- ***O jejum:*** *"Quando você jejuar, perfume a cabeça e lave o rosto, para que os homens não vejam que você está jejuando, mas somente seu Pai, que vê o escondido; e seu Pai, que vê o escondido, recompensará você"* (Mt 6,17-18).

3. A divisão entre puro e impuro

Jesus questionou toda a legislação da pureza legal e chegou a criticá-la: *"Ai de vocês, doutores da Lei e fariseus hipócritas! Vocês pagam o dízimo da hortelã, da erva-doce e do cominho, e deixam de lado os ensinamentos mais importantes da Lei, como a justiça, a misericórdia e a fidelidade. Vocês deveriam praticar isso, sem deixar aquilo. Guias cegos! Vocês coam um mosquito, mas engolem um camelo"* (Mt 23,23-24).

4. A divisão entre tempo sagrado e tempo profano

Jesus inverteu o sentido do preceito do Sábado. Ele disse: *"O sábado foi feito para servir ao homem, e não o homem para servir ao sábado. Portanto, o Filho do Homem é senhor até mesmo do sábado"* (Mc 2,27-28). Jesus colocou o sábado a serviço do homem. Ele não quer que o ser humano esteja serviço do sábado (cf. Mt 12,1-12; Jo 7,23-24).

5. A divisão entre lugar sagrado e profano

Jesus disse que Deus pode ser adorado não só no templo, mas em qualquer lugar, contanto que seja em espírito e verdade (Jo 4,21-24; cf. Mc 11,15-17; Jo 2,19-21).

6. A divisão entre pobres e exploradores

Entre os exploradores denunciados por Jesus estão o império romano, *"os reis das nações"* (Lc 22,25), Herodes (Mc 8,15; Lc 13,32), o Templo e seus comerciantes (Mt 21,12; Mc 11,15; Mt 23,16-17) e os fariseus (Mt 23,13-36). Jesus denuncia os exploradores que se dizem benfeitores do povo: *"Os reis das nações têm poder sobre elas, e os que sobre elas exercem autoridade, são chamados benfeitores. Mas entre vocês não deverá ser assim. Pelo contrário, o maior entre vocês seja como o mais novo; e quem governa, seja como aquele que serve"* (Lc 22,25-27). E dizia a respeito dos doutores da Lei: *"Eles fazem questão de andar com roupas compridas, e gostam de ser cumprimentados nas praças públicas. Gostam dos primeiros lugares nas sinagogas e dos postos de honra nos banquetes. No entanto, exploram as viúvas e roubam suas casas, e, para disfarçar, fazem longas orações. Por isso, eles vão receber condenação mais severa"* (Lc 20,46-47).

7. A divisão entre próximo e não próximo

A lei do AT já mandava *"amar o próximo como si mesmo"* (Lv 19,18). Alguns afirmavam que *próximo* só era a pessoa da mesma raça e que eles podiam explorar os estrangeiros (cf. Dt

15,3). Para Jesus, *ser próximo* não depende da raça nem da religião, nem das observâncias. *Próximo* é todo aquele que se *aproxima* de nós ou do qual nós nos aproximamos, independentemente de raça, de cor, de cultura, de dinheiro, de classe ou de religião, quem quer que ele seja (Lc 10,29-37).

Concluindo

Vemos que essa prática libertadora de Jesus é sua proposta de um novo Êxodo. Denunciando as divisões injustas, Jesus denunciava aquele sistema de exploração, sustentado pela política dos romanos, pelos interesses do rei Herodes, pela religião oficial simbolizado pelo Templo e pela doutrina dos sacerdotes e saduceus, pela religião fundamentalista dos fariseus. Denunciando essas divisões, Jesus convidava as pessoas a se definirem frente aos novos valores do amor e da justiça que ele anunciava e irradiava. Alguns o aceitavam, outros o rejeitavam. Por isso o convite de Jesus era fonte de novas divisões (Mt 10,34-36) e ele mesmo se tornou *"sinal de contradição"* (Lc 2,34). E aos que queriam *segui-lo*, ele advertia que iriam sofrer a mesma contradição (Mt 10,25).

Agindo assim, Jesus ajudava o povo a se fixar não na letra da lei, mas no espírito da lei. E para cada um dos Dez Mandamentos ele repetia: *"Antigamente foi dito, mas eu digo!"* (Mt 5,17.21.27.31.33.38). Jesus resumiu toda a Lei nesta frase lapidar, chamada Regra de Ouro: *"Tudo o que vocês desejam que os outros façam a vocês, façam vocês também a eles. Pois nisso consistem a Lei e os Profetas"* (Mt 7,12).

Jesus denunciava a tentativa dos fariseus de chegarem a Deus por meio do próprio esforço e do próprio mérito. Ele dizia: *"Quando tiverem cumprido tudo o que lhes mandarem fazer, digam: Somos empregados inúteis; fizemos o que devíamos fazer"* (Lc 17,7-10). Desse modo, Jesus libertava o povo da tirania da lei, da tirania dos intérpretes da lei, da tirania dos que, em nome de seu saber maior, impunham fardos pesados ao povo (Mt 23,4).

5
JESUS, O NOVO MOISÉS

Mateus 5 a 7 – O Sermão da Montanha

Frei Carlos Mesters

1. Evangelho de Mateus: Uma chave de leitura

1. O evangelho de Mateus foi escrito em torno do ano 85 para os judeus convertidos que viviam na Galileia e na Síria. Desde a morte de Jesus, no ano 33 até o ano de 85, já havia toda uma caminhada de mais de 50 anos e já havia nas comunidades uma grande riqueza de tradições sobre Jesus de Nazaré. Essas tradições eram transmitidas nas celebrações comunitárias. O Evangelho de Mateus reúne essas tradições para esclarecer os judeus convertidos sobre sua missão junto aos irmãos judeus e sobre o anúncio da Boa-Nova a ser feito aos pagãos e sobre a maneira de eles serem fiéis às tradições dos pais.
2. No evangelho de Mateus, Jesus é apresentado como um novo Moisés que traz uma nova Lei: *"Antigamente foi dito, mas eu digo"* (cf. Mt 5,21.27.31.33.38.43). A antiga lei tinha cinco livros: Gênesis, Êxodo, Levítico, Números e Deuteronômio. O evangelho de Mateus é como um novo Pentateuco. Também tem cinco partes, cinco livros: eis uma divisão do Evangelho de Mateus:

Mateus 1 e 2: Introdução
Genealogia de Jesus, incluindo 4 mulheres estrangeiras (1,1-17)
Jesus realiza um novo Êxodo e inaugura um tempo novo (1,18-2,23)
Mateus 3 a 7: Primeiro livro – A justiça do Reino
Narrativa: A prática de Jesus anunciando o Reino (3 e 4)
Discurso: O sermão da montanha (5 a 7)
Mateus 8 a 10: Segundo livro – Justiça para a libertação dos pobres
Narrativa: Milagres que sinalizam a realização do Reino (8 e 9)
Discurso: Como realizar a missão de anunciar o Reino (10)
Mateus 11,1 a 13,52: Terceiro livro –
Justiça que provoca conflitos
Narrativa: Reações diante da prática de Jesus (11 e 12)
Discurso: Parábolas apontam para o mistério do Reino (13,1-52)
Mateus 13,53 a 18,35: Quarto livro –
O novo povo de Deus
Narrativa: O seguimento de Jesus (13,53 a 17,27)
Discurso: A comunidade é sinal do Reino de Deus (18)
Mateus 19 a 25: Quinto livro – A vinda definitiva do Reino de Deus
Narrativa: O Reino é para todos (19 a 23)
Discurso: Para o futuro do Reino é preciso vigilância (24 e 25)
Mateus 26 a 28: Conclusão –
Paixão, Morte e Ressurreição
Paixão e morte de Jesus (26,1-27,66)
Ressurreição e envio dos discípulos (28,1-20)

2. O Sermão da Montanha: A nova Lei de Deus que Jesus nos trouxe (Mateus 5,1–7,29)

1. Mt 5,1-12: As 8 bem-aventuranças: um novo Caminho para a Felicidade.

2. Mt 5,13-6,18: Novo relacionamento com Deus: uma nova Justiça.
3. Mt 6,19-34: Novo relacionamento com os bens da terra: nova missão no meio da criação.
4. Mt 7,1-29: Novo relacionamento com as pessoas: uma nova vida em comunidade.

3. Mt 5,1-12: As oito bem-aventuranças: Um novo caminho para a Felicidade

3 Felizes os pobres em espírito, porque deles é o Reino do Céu.

4 Felizes os aflitos, porque serão consolados.

5 Felizes os mansos, porque possuirão a terra.

6 Felizes os que têm fome e sede de justiça, porque serão saciados.

7 Felizes os que são misericordiosos, porque encontrarão misericórdia.

8 Felizes os puros de coração, porque verão a Deus.

9 Felizes os que promovem a paz, porque serão chamados filhos de Deus.

10 Felizes os que são perseguidos por causa da justiça, porque deles é o Reino do Céu.

11 Felizes vocês, se forem insultados e perseguidos, e se disserem todo tipo de calúnia contra vocês, por causa de mim.
12 Fiquem alegres e contentes, porque será grande para vocês a
recompensa no céu. Do mesmo modo perseguiram os profetas
que vieram antes de vocês.

4. Situando o texto das Bem-aventuranças

Jesus aparece como o novo legislador. Sendo Filho, ele conhece o Pai e o objetivo que o Pai tinha em mente quando, no passado, deu a Lei ao povo pela mão de Moisés. Por isso, Jesus pode nos oferecer uma nova versão da lei de Deus. O solene anúncio dessa Nova Lei começa aqui no Sermão da Montanha. Como dissemos, no Antigo Testamento, a Lei de Moisés é apresentada em cinco livros. Imitando o modelo antigo, Mateus apresenta a Nova Lei em cinco grandes Sermões espalhados pelo evangelho. As partes narrativas, intercaladas entre os cinco Sermões, descrevem a prática de Jesus e têm como objetivo mostrar como Jesus observava a Lei e a encarnava em sua vida.

5. Alguns pensamentos para comentar as oito Bem-aventuranças

1. Mateus 5,1: *O solene anúncio da Nova Lei*

Havia apenas quatro discípulos com Jesus. Pouca gente. Mas uma multidão imensa estava a sua procura. No Antigo Testamento, Moisés subiu o Monte Sinai para receber a Lei de Deus. Como Moisés, Jesus sobe a Montanha e, olhando o povo, proclama a Nova Lei.

2. Mateus 5,3-10: *As oito portas de entrada do Reino*

São oito categorias de pessoas, oito portas de entrada para o Reino, para a Comunidade: os pobres em espírito, os mansos, os aflitos, os que tem fome e sede de justiça, os misericordiosos, os de coração puro, os que promovem a paz, e os que são perseguidos por causa da justiça. Não há outras entradas!

Quem quiser entrar no Reino terá de identificar-se com uma dessas oito categorias.

– A primeira e a última categoria recebem a mesma promessa: o *Reino dos Céus*. E a recebem desde agora, pois Jesus diz "deles é o Reino!" Entre essas duas categorias, há três duplas, para as quais é feita uma promessa no futuro:

- Aflitos e Mansos (Mt 5,4-5): dizem respeito ao relacionamento com os bens materiais: consolo e posse de terra. Para os mansos que herdarão a terra veja o salmo 37,9.11.22.29.34. Para os aflitos veja Ezequiel 9,4.
- Fome e sede de justiça e Misericordiosos (Mt 5,6-7): dizem respeito ao relacionamento com as pessoas na comunidade: justiça e solidariedade. Misericordioso é aquele e aquela que tem seu coração na miséria dos outros.
- Coração limpo e Promotores da paz (Mt 5,8-9): dizem respeito ao relacionamento com o próprio Deus: ver a Deus e ser chamado filho de Deus.

3. Com outras palavras, o Projeto do Reino, apresentado por Jesus nas bem-aventuranças, quer reconstruir a vida em sua totalidade: em seu relacionamento com os **bens materiais**, com as **pessoas entre si** e com **Deus**. No tempo de Mateus, isto é, em torno dos anos 80 depois de Cristo, ou seja, mais ou menos 50 anos depois da morte e Ressurreição de Jesus, esse projeto estava sendo assumido pelos pobres e estes, por causa disso, começavam a ser perseguidos pelo império romano (Nero 54-68).

6. Alargando a visão sobre as Bem-aventuranças

1. A comunidade que recebe as bem-aventuranças

Mateus tem oito bem-aventuranças. Lucas tem quatro bem-aventuranças e quatro maldições (Lc 6,20-26). As quatro de Lucas são: *"Vocês pobres, vocês que passam fome, vocês que choram, vocês que são odiados e perseguidos"* (Lc 6,20-23). Lucas escreve para as comunidades de pagãos convertidos. Elas vivem no contexto social hostil do império romano. Mateus escreve para as comunidades de judeus convertidos, que vivem em um contexto da ruptura com a sinagoga. Antes da ruptura, elas tinham certa condição e aceitação social. Mas agora, depois da ruptura, a comunidade dos judeus cristãos entrou em crise e nela aparecem várias tendências brigando entre si. Alguns da linha farisaica queriam manter o rigor na observância da Lei, a que estavam acostumados desde antes da conversão a Jesus (At 15,1-2; Gl 2,11-14). Mas fazendo assim, excluíam os pequenos e os pobres. A nova Lei trazida por Jesus pede que todos possam ser acolhidos na comunidade como irmãos e irmãs. Por isso o solene início da Nova Lei traz essas oito bem-aventuranças que definem as categorias de pessoas que devem poder entrar na comunidade: os pobres em espírito, os mansos, os aflitos, os que tem fome e sede de justiça, os misericordiosos, os de coração limpo, os que promovem a paz, os que são perseguidos.

2. Quem são os pobres em espírito?

Jesus reconhecia a riqueza e o valor dos pobres (Mt 11,25-26). Já tinha definido sua própria missão como *"anunciar a Boa-Nova do Reino aos pobres"* (Lc 4,18). Ele mesmo vivia como pobre. Não possuía nada para si, nem mesmo uma pedra para reclinar a cabeça (Mt 8,18). E a quem queria segui-lo ele mandava escolher: ou Deus, ou o dinheiro! (Mt 6,24). O *pobre em espírito* é o pobre que tem esse mesmo *Espírito de Jesus*! Não é o rico. Nem é o pobre com cabeça de rico, mas é o pobre que diz e canta até hoje: *"Eu acredito que o mundo será melhor quando o menor que padece acreditar no menor"*!

O evangelho diz exatamente o contrário daquilo que hoje se comunica na sociedade em que vivemos. Em nossa sociedade, o pobre é visto como um infeliz. Feliz é quem tem dinheiro e pode ir ao supermercado e gastar à vontade. Feliz é quem tem fama e poder. Os infelizes são os pobres, os que choram! Na televisão, as novelas divulgam esse mito da pessoa feliz e realizada. E sem nos darmos conta, as novelas acabam se tornando o padrão de vida para muitos de nós. Será que em nossa sociedade ainda há lugar para estas palavras de Jesus: "Felizes os pobres em espírito! Felizes os que choram!"? E para mim, que sou cristão ou cristã, quem é feliz de fato?

3. Resumindo

As bem-aventuranças formam a solene abertura do Sermão da Montanha (Mt 5,1-12). Nelas Jesus define quem é feliz e quem pode entrar no Reino. São oito categorias de pessoas, oito portas de entrada. Não há outra porta para entrar no Reino, na Comunidade! Quem quiser participar do Reino terá de identificar-se com uma dessas oito categorias ou grupos.

Nas palavras de Jesus, cada um desses grupos de pessoas recebe uma promessa determinada. As oito promessas estão colocadas em uma ordem tal que, como vimos, nelas transparece um novo projeto de vida, o projeto do Reino, que quer reconstruir a vida em sua totalidade: no relacionamento com os bens materiais, no relacionamento com as pessoas e no relacionamento com Deus. A comunidade cristã deve ser um ensaio e uma amostra do Reino de Deus!

Cada vez que na Bíblia se tenta renovar a Aliança, eles recomeçam restabelecendo o direito dos pobres e dos excluídos. Sem isso, a Aliança não se refaz! Assim faziam os profetas, assim faz Jesus. Ele denuncia o sistema que exclui os pobres e persegue os que lutam pela justiça. Em Nome de Deus, Jesus anuncia um novo Projeto que acolhe os excluídos. A comunidade ao redor de Jesus deve ser uma amostra, onde esse futuro Reino começa a tomar forma. Deve caracterizar-se por um novo tipo de relacionamento com os bens materiais, com as pessoas e com o próprio Deus. Como diz o canto, deve ser semente de nova nação!

Aqui aparece uma tarefa muito importante para nós, cristãos, sobretudo para os jovens. Pois a única maneira de merecermos credibilidade é apresentar uma amostra bem concreta do Reino, uma alternativa de vida que seja realmente uma Boa-Nova de Deus para os pobres e excluídos!

4. Mateus, a pessoa a quem é atribuído o primeiro evangelho

No evangelho de Mateus, a pessoa de Mateus aparece na lista dos doze apóstolos como *"Mateus, o publicano"* (Mt 10,3). Seu nome mesmo era Levi, filho de Alfeu (Mc 2,14). Levi morava em Cafarnaum e era cobrador de impostos a serviço do império romano. Jesus o chamou, e Levi deixou tudo para seguir Jesus. Esse chamado lhe deu tanta alegria que ele fez uma festa. Foi para casa e preparou um banquete para Jesus e seus amigos (Mt 9,10). Levi passou a ser chamado de Mateus, que significa "dom de Deus".

7. Mt 5,13-a-6,18: Novo relacionamento com Deus: Uma nova Justiça

- **Mt 5,13-16:** *Nova Missão: ser sal da terra e luz do mundo*

"Vocês são o sal da terra" (Mt 5,13-14): Ora, se o sal perde o gosto, com que poderemos salgá-lo? Não serve para mais nada; serve só para ser jogado fora e ser pisado pelos homens.

"Vocês são a luz do mundo" (Mt 5,15-16): Não pode ficar escondida uma cidade construída sobre um monte. [15]Ninguém acende uma lâmpada para colocá-la debaixo de uma vasilha, e sim para colocá-la no candeeiro, onde ela brilha para todos os que estão em casa. [16]Assim também: que a luz de vocês brilhe diante dos homens, para que eles vejam as boas obras que vocês fazem, e louvem o Pai de vocês que está no céu.

- **Mt 5,17-48:** *A nova justiça deve ultrapassar a justiça dos fariseus*
  - Jesus radicaliza a lei, isto é, ele a conduz a sua raiz, a seu objetivo primeiro e último, que é servir à vida, à justiça, ao amor, à verdade. Os mandamentos da lei apontam um novo rumo para a vida, esquecido pelos fariseus (Mt 5,17-20).
  - Em seguida, Jesus dá vários exemplos de como devem ser entendidos os mandamentos da Lei de Deus dada por Moisés: *Antigamente foi dito, mas eu digo* (Mt 5,21.27.31.33.38.43).
  - Duas novas orientações a respeito do amor:
    1. Ser perfeito como o Pai é perfeito (Mt 5,48): Todos devem ser amados.
    2. Amai-vos "como eu vos amei" (Jo13,14; 15,12): Intensidade do amor.

- **Mt 6,1-18:** *A nova justiça não pode visar mérito*
  - Esmola (Mt 6,1-4);
  - Oração (Mt 6,5-15);
  - Jejum (Mt 6,16-18).

8. Mt 6,19-34: Novo relacionamento com os bens da terra – uma nova missão na criação

- Trata das necessidades primárias da vida: comida, roupa, moradia, saúde. É a parte da vida que onde as pessoas têm mais angústias. Jesus ensina como deve ser o relacionamento com os bens materiais e as riquezas da terra:
- não acumular bens (Mt 6,19-21);
- não olhar o mundo com olhos doentes (Mt 6,22-23);
- não servir a Deus e ao dinheiro ao mesmo tempo (Mt 6,24);
- não se preocupar com comida, bebida e roupa (Mt 6,23-32);
- buscar, em primeiro lugar, o Reino de Deus e sua justiça (Mt 6,33-34).

9. Mt 7,1-29: Novo relacionamento com as pessoas – uma nova vida em comunidade

- não reparar no cisco no olho do teu irmão (Mt 7,1-5);
- não jogar pérolas aos porcos (Mt 7,6);
- não ter medo de pedir as coisas a Deus (Mt 7,7-11);
- a regra de ouro (Mt 7,12);
- escolher o caminho difícil e estreito (Mt 7,13-14);
- tomar cuidado com os falsos profetas (Mt 7,15-20);
- não só falar, mas também praticar (Mt 7,21-23);

- comunidade construída nesse fundamento fica em pé na tempestade (Mt 24-27);
- O resultado é uma nova consciência frente aos escribas e fariseus.

Encerrando

1. O Evangelho de Mateus reflete a problemática do Cristianismo crescente em via de separação do judaísmo e ajuda os judeus cristão a descobrir e assumir melhor sua missão:

a) Eles devem enfrentar sua separação do judaísmo também em âmbito teórico, para poder ver mais claro. Traz as palavras de Jesus: *"Antigamente foi dito..., eu porém digo...!"* (Mt 5,21.27.31.33.38.43).

b) Eles necessitam de uma organização mais universal e independente do judaísmo, para que os pagãos não se sintam em minoria, nem como cristãos de segunda categoria.

c) Eles sentem necessidade de reconciliação, pois há muitos grupos brigando entre si pela liderança nas comunidades, como transparece claramente no cap. 18 (cf. Mt 18,1s.6s.10s.15s.31s).

d) Eles necessitam ver mais clara sua missão: Jesus não veio só para os judeus, mas para o mundo inteiro: por exemplo, a conversa de Jesus com a mulher pagã de Tiro e Sidônia (Mt 15,21-28)

e) Eles sentem o cansaço e necessitam de animação.

2. A comunidade é como um barco em um mar revolto (Mt 8,23-26):

f) a) a destruição de Jerusalém abalou os judeus, mesmo sendo cristãos;

g) b) a influência cultura grega era muito forte e invadia as comunidades;

h) c) a exploração romana por meio do tributo e das legiões pesava sobre o povo.

3. Os cristãos são apenas uma pequena minoria: no império, no mundo judaico, no mundo de cultura grega. Nessa confusão de religiões, de guerras, de mudanças, de crise geral e de transição, levantavam a pergunta básica: Quais são os caminhos de Deus? Qual nossa missão?

4. É para este grupo de judeus cristãos que Mateus escreve seu evangelho:

- a) É o Evangelho da **consolação** para os excomungados e perseguidos pelos irmãos judeus que não aceitaram Jesus como Messias. O evangelho de Mateus os ajuda a superar o trauma da ruptura.
- b) É o Evangelho da **revelação** que mostra claramente que Jesus é o verdadeiro Messias, em quem culmina toda a história do AT com suas promessas e a realização das profecias.
- c) É o Evangelho da **nova prática** que mostra como chegar a uma nova justiça, maior do que a justiça dos fariseus (Mt 5,20).

6
A RELEITURA DO ÊXODO NO EVANGELHO DE JOÃO

Francisco Orofino

Há muitos paralelos entre os episódios relatados no Quarto Evangelho e as várias passagens na Bíblia que se relacionam com o Êxodo do povo de Deus. Vamos ver alguns deles.

No capítulo 6 do Evangelho de João temos o sinal central do Livro dos Sinais (Jo 2 a 11). É a multiplicação dos pães. Em Jo 6,4 a multiplicação dos pães acontece em um tempo próximo da Páscoa. A festa da Páscoa trazia a memória perigosa do Êxodo, celebrando a libertação do povo oprimido das garras do faraó. Assim, todo o episódio narrado no capítulo 6 tem um paralelo com os episódios relacionados com a festa da Páscoa, tanto com a libertação do Egito quanto com a travessia do deserto em busca da Terra Prometida.

Vamos ver essa relação mais de perto:

- **Jo 6,1-15.** ***A multiplicação dos pães***

Jesus tem diante de si o desafio de alimentar uma multidão faminta. Ele precisa garantir o alimento necessário para todo o povo. Da mesma maneira, Moisés enfrentou esse desafio durante a caminhada do povo pelo deserto (cf. Ex 16,1-35; Nm 11,18-23). Depois de comer, a multidão saciada reconhece Jesus como "o profeta que devia vir ao mundo" (Jo 6,14). Um reconhecimento a partir do que pede a Lei da Aliança (Dt 18,15-22).

- **Jo 6,16-21.** ***Jesus caminha sobre o mar***

Para o povo da Bíblia, o mar era o símbolo do abismo, do caos, do mal (cf. Ap 13,1). No Êxodo, o povo faz a travessia para a liberdade enfrentando e vencendo o mar. Deus divide o mar com seu sopro, e o povo atravessa o mar com o pé enxuto (Ex 14,22). Em outras passagens, a Bíblia mostra Deus vencendo e dominando o mar (cf. Gn 1,6-10; Sl 104,6-9; Pr 8,27). Vencer o mar significa impor limites ao caos e ao mal, impedindo que a terra seja engolida pelas ondas do abismo. Ao caminhar sobre o mar, Jesus revela sua divindade, dominando e vencendo o mar, impedindo que a barca com seus discípulos seja tragada pelas ondas do mal e do caos.

- **Jo 6,22-58.** ***O discurso sobre o Pão da Vida***

Esse longo discurso de Jesus feito na sinagoga de Cafarnaum está relacionado com o capítulo 16 de Êxodo. A narrativa em Êxodo mostra as dificuldades que o povo teve de enfrentar em sua caminhada. A partir dessa narrativa, podemos entender os ensinamentos de Jesus aqui no capítulo 6 de João. Quando Jesus fala em um "alimento que perece" (Jo 6,27) ele está retomando Ex 16,20. Da mesma forma, quando os ouvintes judeus "murmuram" (Jo 6,41) estão fazendo a mesma coisa que os israelitas no deserto, revoltados contra Moisés e duvidando da presença de Deus na caminhada (cf. Ex 16,2; 17,3; Nm 11,1). A falta de alimentos levava o povo a duvidar que Deus estivesse com eles, de que Deus fosse YHWH. No evangelho de João, os judeus também duvidam da presença de Deus em Jesus de Nazaré (cf. Jo 6,42).

- **Jo 6,59-66.** ***Os discípulos rejeitam Jesus.***

Em seu discurso, Jesus mesmo se apresentou como um alimento que sacia a fome e a sede de todos aqueles e aquelas que buscam a Deus. Gente que passa pelas mesmas privações que passou o povo de Israel na travessia do deserto quando faltaram comida e água (cf. Ex 15 e 16). Diante da provação, o povo desesperou e duvidou da presença de Deus caminhando com eles. Nessa mesma tentação caem os membros da comunidade do Discípulo Amado: eles duvidam da presença de Jesus no pão partilhado. Diante das palavras de Jesus sobre "comer minha carne e beber meu sangue", muitos da comunidade rejeitam o próprio Jesus, murmurando igual ao povo no deserto (Jo 6,60). No desespero, eles tomam a decisão de romper com Jesus e com a comunidade, "voltando atrás e não andavam mais com ele" (Jo 6,66).

- **Jo 6,67-71.** ***A profissão de fé de Pedro.***

Diante da crise provocada por suas palavras e seus gestos, Jesus se volta para seus amigos e suas amigas mais íntimas, a comunidade aqui representada pelos Doze. Então lhes pergunta se todos também o abandonarão. Pedro toma a iniciativa e, em nome do grupo, professa sua fé na Palavra de Jesus e no pão partilhado. Retomando as dificuldades na travessia do Êxodo, a comunidade reconhece que Jesus é a Palavra e o Pão que saciam o novo povo de Deus (cf. Ex 16; Dt 8,3). Mas, mesmo nesse círculo mais íntimo, existe um adversário lembrando o que diz o Salmo: o amigo que comia de meu pão levantou contra mim o calcanhar (cf. Sl 41,10).

Justamente por evidenciar essa dúvida a respeito da presença de Deus em Jesus de Nazaré, no Evangelho de João, temos em vários lugares e várias oportunidades que Jesus faz uma afirmação começando com as palavras EU SOU. Esse "Eu sou" lembra a revelação do nome de Deus a Moisés no episódio da sarça ardente (Ex 3,1-8). Dessa forma, o Evangelho de João, em seu conjunto, é uma resposta para uma inquietante pergunta feita pelos contemporâneos de Jesus, tanto seus discípulos quanto seus adversários: "Quem és tu?" (Jo 8,25) ou "Quem pretendes ser?" (Jo 8,53). Para responder a essas questões e, ao mesmo tempo, revelar a profunda identidade entre ele e o Pai, Jesus repete várias vezes a expressão "Eu sou...":

Eu sou o Pão da Vida (Jo 6,34.48).
Eu sou o pão vivo descido dos céus (Jo 6,51).
Eu sou a luz do mundo (Jo 8,12; 9,15)
Eu sou a porta (Jo 10,7.9).
Eu sou o bom pastor (Jo 10,11.14).
Eu sou a ressurreição e a vida (Jo 11,25).
Eu sou o caminho, a verdade e a vida (Jo 14,6).
Eu sou a videira (Jo 15,1).
Eu sou rei (Jo 18,37).
Eu sou (Jo 8,24.27.58).

Essa revelação de Jesus atinge seu ponto alto em uma discussão com os judeus em que Jesus afirma: "Quando tiverdes elevado o Filho do Homem, então sabereis que *Eu sou*" (Jo 8,27). Aqui, vemos que a expressão *Eu sou* passa a designar um dos nomes pelos quais Jesus é conhecido. Chamar Jesus de *Eu sou* é o mesmo que chamar Jesus de YHWH, o sagrado Nome de Deus revelado a Moisés na sarça ardente. O Tetragrama (ou Quatro Letras) YHWH é o Nome que Deus assumiu no Êxodo como expressão de sua presença libertadora no meio do povo eleito (Ex 3,15).

Agora, para a comunidade do Discípulo Amado, que nos deixou o Quarto Evangelho, o verdadeiro rosto desse Deus libertador é o rosto de Jesus de Nazaré: "Quem me vê, vê o Pai!" (Jo 14,9). Nos livros que formam o Antigo Testamento, o Nome YHWH aparece mais de seis mil vezes. Mas esse nome sagrado não podia ser pronunciado. Assim, foi substituído pela palavra *Senhor*. A partir de Pentecostes, os discípulos e as discípulas de Jesus de Nazaré chamam seu Mestre de *Senhor* (cf. At 1,36; Fl 2,11; Jo 20,28). Esta é nossa fé: Jesus é o *Senhor*. Por isso nós, ainda hoje, também dizemos Nosso *Senhor* Jesus Cristo.

III.

O ÊXODO DA IGREJA

O Êxodo como Memória celebrada,
animando a caminhada do Povo de Deus

7
A RELEITURA DO ÊXODO FEITA PELAS COMUNIDADES CRISTÃS

Francisco Orofino

Pelo grande número de citações bíblicas nos vários livros do Novo Testamento, vemos que esses novos livros inspiram-se nos livros do Antigo Testamento. É que o Novo Testamento é uma ampla releitura do Êxodo presente no Pentateuco, nos Profetas e nos Escritos sapienciais. É como se o Novo Testamento fosse uma parede construída com os velhos tijolos fornecidos pelo Antigo. Neste texto, vamos enfocar uma dessas releituras feita pelo livro Atos dos Apóstolos.

No início do livro dos Atos dos Apóstolos temos o relato que descreve o início da Comunidade cristã. Ela nasce pela ação do Espírito Santo, no dia de Pentecostes. No dia de Pentecostes está nascendo o novo povo de Deus, está se iniciando um novo Êxodo, está sendo estabelecida uma nova Aliança.

O texto do surgimento desse novo povo de Deus começa com a descrição do fato visível da vinda do Espírito Santo em meio a uma ventania e com o barulho e as línguas de fogo (At 2,1-13). Em seguida, traz o resumo de um discurso de Pedro que interpreta e revela a mensagem desse fato

(At 2,14-36). E termina com a descrição do resultado da ação do Espírito Santo, que é a vida em comunidade (At 2,37-41). Dessa forma, surge um novo êxodo que transforma as pessoas e produz uma nova prática: a vida em comunidade.

Vamos conversar sobre este texto:

At 2,1-4. *Os sinais visíveis da ação do Espírito Santo*

Tudo acontece no dia de Pentecostes. Pentecostes é uma palavra grega que significa cinquenta. Estamos no 50º dia depois da Páscoa. A festa de Pentecostes era muito popular entre os judeus. Era uma das três festas em que o povo fazia romaria para Jerusalém (cf. Ex 23,14-17; Dt 16,16). Atraía muitos peregrinos para Jerusalém, no antigo templo. Nessa festa era celebrado o início da colheita, mas também a conclusão da Aliança aos pés do monte Sinai.

Naquele dia, estão reunidos os 120 discípulos e discípulas que os apóstolos conseguiram reunir (At 1,15). Eles estavam reunidos na mesma sala, rezando. De repente, veio o forte ruído de um vendaval que encheu toda a casa; ao mesmo tempo, línguas de fogo desceram e se repartiram sobre a cabeça de cada pessoa presente na sala. Todos ficaram cheios do Espírito Santo e começaram a falar em outras línguas, conforme o Espírito lhes permitia falar.

Assim, são três os símbolos que o texto usa para significar a ação do Espírito: ventania, fogo e línguas. Todo ser humano tem experiências concretas do que vem a ser vento, fogo e línguas. Assim, cada um, cada uma, a partir de sua própria experiência, consegue avaliar qual o efeito que o Espírito quer realizar em nossa vida. Mas para quem conhece as histórias presentes no Antigo Testamento, sabe que o *forte vento* evoca também a ventania que secou o mar Vermelho e permitiu ao povo fazer a travessia do mar e iniciar a caminhada do êxodo pelo deserto (cf. Ex 14,21). Sabe também que o *fogo* evoca a manifestação de Deus na conclusão da Aliança e no nascimento do povo de Deus no monte Sinai (cf. Ex 19,16-19). E as *línguas* evocam a confusão de línguas surgida na construção da torre de Babel e que agora, com a presença do Espírito Santo, está sendo superada (cf. Gn 11,9). Nesse dia de Pentecostes, por meio da evocação dessas passagens, Atos está descrevendo o surgimento do novo povo de Deus.

At 2,5-13. *As reações do povo diante dos sinais do Espírito*

Jerusalém está cheia de peregrinos por causa da festa de Pentecostes. O texto fala que eram pessoas piedosas, isto é, judeus de todas as partes do mundo que vieram para a festa abertos aos apelos de Deus. Vieram desde o extremo Oriente, como os partos (At 2,4), até ao Ocidente conhecido, como os de Roma (At 2,10). Judeus de todas as nações conhecidas naquela época estavam presentes em Jerusalém.

Atraídos pelo barulho do vento, os peregrinos acorrem para a casa onde estão reunidos os discípulos e as discípulas de Jesus. Admirados, perguntam: "não são galileus todos estes que estão falando?" A admiração vem do fato que, nesse contexto, *galileus* significa gente simples, do interior, sem grandes instruções (cf. At 4,13). Como é que agora cada um dos presentes os ouve falar em sua própria língua materna uma explicação anunciando as maravilhas de Deus? O povo não sabe explicar o que estava presenciando. Todos ficam estupefatos, atônitos, admirados diante das coisas que o Espírito de Deus está realizando. E querem uma boa explicação desses fatos: o que quer dizer tudo isso? Mas também começam a surgir resistências à ação do Espírito e caçoam dizendo: *Estão bêbados*!

At 2,14-36. *Pedro faz uma interpretação dos fatos*

Em nome daquele grupo de 120 pessoas, Pedro toma a palavra e faz um discurso para esclarecer o que está acontecendo naquele momento. Ele começa a desfazer os argumentos contrários usando do bom senso: ninguém está bêbado porque ainda é muito cedo!

Em seguida, ele usa um texto do profeta Joel. Ele diz assim: "Aqui está acontecendo aquilo que o profeta Joel anunciou: *Nos últimos tempos eu derramarei meu Espírito sobre todas as pessoas!*" A citação de Joel feita por Pedro (cf. Jl 3,1-5) diz que quando chegasse o tempo messiânico, todos iriam ter visões e profetizariam. Em outras palavras, os fenômenos *vento*, *fogo* e *línguas* eram sinais de que o tempo messiânico tinha chegado a Jerusalém.

Esse anúncio do dom do Espírito como sinal da chegada dos tempos messiânicos evocava para o povo várias passagens do Antigo Testamento conhecidas por todos. Ao longo da travessia do deserto, era desejo de Moisés que chegasse um tempo em que o povo todo fosse profeta e tivesse o dom do Espírito (Nm 11,29). Tal fato lembrava também a visão de Ezequiel, em que o Espírito faz voltar à vida os ossos ressequidos dos exilados (Ez 37,1-14). O mesmo profeta anunciava a promessa do dom do Espírito que vai purificar o coração do povo (Ez 36,24-28). Por fim, é a unção do Espírito que marcará a ação do verdadeiro Messias como Servo de YHWH (Is 42,1-9). O próprio Jesus usará um texto de Isaías sobre o novo Êxodo promovido pelo Espírito para definir sua missão como anúncio da Boa-Nova aos pobres, a luz para os cegos e a libertação dos oprimidos (Lc 4,16-21; cf. Is 61,1-3).

8
A NOVA PÁSCOA CELEBRADA NAS COMUNIDADES VIVER EM ESTADO PERMANENTE DE ÊXODO

Os três retratos das Comunidades
Atos 2,42-47; 4,32-37; 5,12-16

Frei Carlos Mesters

O tema geral do Congresso Bíblico é o Êxodo. No 1º dia refletimos sobre o Êxodo do povo de Israel que aconteceu em torno de 1220 antes de Cristo. No 2º dia refletimos sobre o Êxodo de Jesus que aconteceu durante os 33 anos de sua vida aqui na terra. No 3º dia, refletimos sobre o Êxodo da Igreja, das Comunidades, que continua acontecendo até hoje.

O tema para essa conferência do terceiro dia foi especificado da seguinte maneira: *A nova Páscoa celebrada nas Comunidades: viver em estado permanente de Êxodo: Os três retratos das Comunidades em Atos* 2,42-47; 4,32-37; 5,12-16. A primeira Páscoa foi celebrada na noite do primeiro Êxodo da libertação do povo hebreu da escravidão no Egito. A nova Páscoa foi celebrada por Jesus na noite em que ele foi entregue à morte e continua sendo celebrada todas as vezes que o povo se reúne para celebrar a morte e a ressurreição de Jesus na Eucaristia.

O título *"Viver em estado permanente de Êxodo"* sugere literalmente *"Viver em estado permanente de saída (de Êxodo)"*, ou seja: nunca se acomodar, nunca pensar: "Já chegamos!" Olhar sempre para além, para o modelo de comunidade que a Palavra de Deus coloca diante de nós.

Como deve ser uma comunidade cristã para que ela seja um sinal da vida nova que Jesus nos trouxe? O Novo Testamento traz vários. Cada um dos quatro evangelistas traz um modelo de comunidade. Primeiro, vamos olhar o modelo de comunidade apresentado por Lucas nos Atos dos Apóstolos. Em seguida, veremos o modelo de comunidade apresentado pelos evangelistas Mateus, Marcos e João.

1. Os três retratos de comunidade-modelo segundo Lucas nos Atos dos Apóstolos

Logo nos primeiros capítulos dos Atos dos Apóstolos, Lucas apresenta três retratos das comunidades. Vamos ver o modelo de comunidade em cada um desses três retratos:

- **O primeiro retrato de comunidade-modelo segundo Lucas** *(At 2,42-47)*

> 42Eram perseverantes em ouvir o ensinamento dos apóstolos, na
> comunhão fraterna, no partir do pão e nas orações. 43Em todos
> eles havia temor, por causa dos numerosos prodígios e sinais
> que os apóstolos realizavam. 44Todos os que abraçaram a fé
> eram unidos e colocavam em comum todas as coisas; 45vendiam
> suas propriedades e seus bens e repartiam o dinheiro entre to-
> dos, conforme a necessidade de cada um. 46Diariamente, todos
> juntos frequentavam o Templo e nas casas partiam o pão, toman-

do alimento com alegria e simplicidade de coração. [47]Louvavam a Deus e eram estimados por todo o povo. E a cada dia o Senhor acrescentava à comunidade outras pessoas que iam aceitando a salvação.

Nesse primeiro retrato Lucas propõe um modelo de quatro colunas ou quatro pontos básicos. Ele escreve: *"Eles perseveravam no ensinamento dos apóstolos, na comunhão, no partir do pão e nas orações* (At 2,42). As quatro colunas que sustentam a comunidade são: (1) o ensinamento dos apóstolos, (2) a comunhão, (3) o partir do pão e (4) as orações.

1ª Coluna: *O ensinamento dos apóstolos.* O novo ***quadro de referências***

O ensinamento dos apóstolos é a nova interpretação da vida e da Bíblia a partir da experiência da ressurreição de Jesus. Os cristãos tiveram a coragem de romper com o ensinamento dos escribas e dos doutores da época, e seguiam agora o testemunho dos apóstolos que eram considerados pessoas sem instrução (At 4,13). O povo das comunidades considera a palavra dos apóstolos como *Palavra de Deus* (1Ts 2,13).

Essa liderança dos apóstolos não vinha da tradição ou da raça, nem do poder ou da força, nem de algum curso ou diploma, mas sim dos sinais realizados na comunidade (At 2,43; 4,33; 5,12.15-16), e das "ordens" dadas por Jesus ressuscitado: a Madalena, aos doze apóstolos, aos 120 discípulos, às mulheres, à multidão no Monte das Oliveiras (Mt 28,18-20; Mc 16,15; Lc 24,44-49; Jo 20,23; 21,17). No exercício dessa autoridade, eles eram questionados pela comunidade (Gl 2,11-14; At 11,3) e deviam prestar conta (At 11,4-18).

2ª Coluna: *A comunhão.* O novo **ideal da vida comunitária**

A *comunhão* indica a atitude de quem não se considera dono das coisas que possui, mas tem a coragem de partilhar seus bens com os outros (Rm 15,26; 2Cor 9,13; Fm 6 e 17). Os primeiros cristãos colocavam tudo em comum a ponto de não haver mais necessitados entre eles (At 2,44-45; 4,32.34-35). Assim, cumpriam a Lei de Deus que dizia: "Entre vocês não pode haver pobres!" (Dt 15,4).

O ideal da *comunhão* era chegar a uma partilha não só dos bens, mas também dos sentimentos e da experiência de vida, a ponto de todos se tornarem *um só coração e uma só alma* (At 4,32; 1,14; 2,46); chegar a uma convivência sem segredos (Jo 15,15) que superasse as barreiras provenientes de religião, de classe, de sexo e de raça (cf. Gl 3,28; Cl 3,11; 1 Cor 12,13).

3ª Coluna: *A fração do pão ou partilha.* A nova ***fonte da vida comunitária***

A expressão *fração do pão* vem das refeições judaicas, onde o pai partilhava o pão com os filhos. Para os primeiros cristãos a expressão "fração do pão" lembrava as muitas vezes que Jesus tinha partilhado o pão com os discípulos e com os pobres (Jo 6,11). Lembrava o gesto de partilha que abriu os olhos dos discípulos no caminho de Emaús para a presença viva de Jesus no meio da comunidade (Lc 24,30-35). Lembrava, sobretudo, o gesto do *"amor até o fim"* (Jo 13,1), a eucaristia, *"a comunhão com o sangue e o corpo de Cristo"* (1Cor 10,16), a Páscoa do Senhor (1Cor 11,23-27), a memória de sua morte e ressurreição (1Cor 11,26), que garante a vida aos que se doam pelos outros.

A fração do pão era feita não na majestade do templo, mas sim nas casas (At 2,46; 20,7), o lugar da liturgia *"em Espírito e Verdade"* (Jo 4,23). Muitas vezes, porém, a realidade ficava abaixo do ideal. Paulo chegou a criticar os abusos que ocorriam na comunidade de Corinto durante a Ceia do Senhor (1Cor 11,18-22.29-34).

4ª Coluna: *As orações.* O novo ***ambiente da vida comunitária***

Por meio da *Oração*, os cristãos permaneciam unidos entre si e a Deus (At 5,12b), e se fortaleciam na hora das perseguições (At 4,23-31). Faziam como Jesus que, pela oração, enfrentava a tentação (Mc 14,32). Quando perseguidos, eles rezavam os salmos e reliam o Antigo Testamento, provocando um novo Pentecostes (At 4,27-31). Os apóstolos tinham uma dupla tarefa: *"permanecer assíduos à Oração e ao ministério da Palavra"* (At 6,4). A Bíblia (a Palavra) era não só luz, mas também fonte de força.

Apesar de seguirem uma doutrina diferente da tradicional, os cristãos não rompiam com os costumes da piedade do povo, mas continuavam frequentando o Templo (At 2,46). Eles eram conhecidos como o grupo que se reunia *no pórtico de Salomão* (At 5,12). Tinham a simpatia do povo (At 2,47).

Uma comunidade, cuja vida é marcada por essas quatro colunas, torna-se necessariamente missionária. Torna-se uma "cidade situada no alto da montanha" (Mt 5,14). Sua luz é visível em toda a região. Ela começa a irradiar a Boa-Nova do Reino de Deus. Quanto mais fiel, tanto maior a irradiação! De fato, nos três retratos Lucas insiste em afirmar que eles tinham a simpatia do povo (At 2,47; 4,33; 5,13), e que os sinais e prodígios realizados pelos Apóstolos atraíam o povo e faziam crescer a comunidade (At 2,43.47; 4,33; 5,14-16). Realmente, a melhor maneira de evangelizar é viver em comunidade. Até hoje é assim!

- **O segundo retrato de comunidade-modelo segundo Lucas** *(At 32-37)*

> [32]A multidão dos fiéis era um só coração e uma só alma. Ninguém considerava propriedade particular as coisas que possuía, mas tudo era posto em comum entre eles. [33]Com grande poder, os apóstolos davam testemunho da ressurreição do Senhor Jesus. E todos eles gozavam de grande aceitação. [34]Entre eles ninguém passava necessidade, pois aqueles que possuíam terras ou casas as vendiam, traziam o dinheiro [35]e o colocavam aos pés dos apóstolos; depois, ele era distribuído a cada um conforme sua necessidade. [36]Foi assim que procedeu José, levita nascido em Chipre, apelidado pelos apóstolos com o nome de Barnabé, que significa "filho da exortação". [37]Ele vendeu o campo que possuía, trouxe o dinheiro e o colocou aos pés dos apóstolos.

Nesse segundo retrato, Lucas explicita e concretiza as quatro características apresentadas no primeiro retrato das comunidades:

1. **A comunhão** entre eles não dizia respeito só aos bens materiais, mas tinha um fundamento mais profundo: *"A multidão dos fiéis era um só coração e uma só alma"* (At 4,32). Aquilo que cada um possuía não era considerada "propriedade particular", mas era posto em comum conforme as necessidades de cada um. Os apóstolos se encarregavam da tarefa de partilhar tudo entre todos, conforme as necessidades de cada um.

2. **O testemunho dos Apóstolos** era o testemunho da ressurreição. Não consistia em ensinar doutrinas, enumerar as verdades, mas consistia em olhar e anunciar tudo sob o prisma da ressurreição de Jesus, que era e continua sendo a grande verdade central de tudo: Jesus está vivo. Ele morreu, foi morto,

mas Deus o ressuscitou e agora ele está vivo para sempre, no meio de nós. Os apóstolos tinham grande aceitação junto ao povo, não por terem feito algum curso em uma universidade, ou por terem algum título especial. Eles não tinham nada disso, mas apenas anunciavam e deixavam transparecer, por seu jeito de ser e de viver, que a vida é mais do que esses poucos anos que a gente vive aqui na terra. Ela superou a morte, graças a Jesus, nosso irmão mais velho, que morreu e ressuscitou por nós.

3. **Não havia necessitados entre eles**, era como em uma família. Se o pai tem o que comer, os filhos também têm, pois a lei que vigora nas famílias é a partilha. Cada um se preocupa com seu irmão e sua irmã e percebe a necessidade dele ou dela. Em uma família existe um só coração e uma só alma. Quando Zaqueu foi acolhido por Jesus, ele disse: "A metade de meus bens dou aos pobres; e se roubei alguém, vou devolver quatro vezes mais" (At 19,8). Devolver quatro vezes o que roubou era o que a lei já mandava (Ex 21,37; 2Sm 12,6). Dar a metade dos bens aos pobres era a partilha, expressão da vida em comunidade no Espírito de Jesus.

4. **Testemunho de pessoas**. Lucas cita o testemunho de Barnabé que praticava aquilo que Lucas acabava de dizer a respeito da vida em comunidade. Barnabé *"vendeu o campo que possuía, trouxe o dinheiro e o colocou aos pés dos apóstolos"* (At 5,37). Lucas lembra o testemunho contrário do casal Ananias e Safira. Como Barnabé, os dois venderam uma propriedade e deram só uma parte do dinheiro para Pedro, mas diziam que era todo o dinheiro da venda. Quiseram ter a fama de bom cristão, mas no fundo não acreditavam na partilha dos bens. Resultado: quem faz isso não merece fazer parte da comunidade, "morre" para a comunidade (At 5,1-11).

- **O terceiro retrato de comunidade-modelo segundo Lucas** *(At 5,12-16)*

> [12]Muitos sinais e prodígios eram realizados entre o povo pelas mãos dos apóstolos. E todos os fiéis se reuniam em grupo no Pórtico de Salomão. [13]Os outros não se atreviam a juntar-se a eles, mas o povo os elogiava muito. [14]Uma multidão cada vez maior de homens e mulheres aderia ao Senhor, pela fé. [15]Chegaram ao ponto de transportar doentes para as praças, em esteiras e camas, para que Pedro, ao passar, pelo menos sua sombra cobrisse alguns deles. [16]A multidão vinha até das cidades vizinhas de Jerusalém, trazendo doentes e pessoas tomadas por espíritos maus. E todos eram curados.
> Nesse terceiro retrato da primeira comunidade dos Cristãos, Lucas reforça as características apontadas anteriormente e aponta outras:

1. **Muitos sinais e prodígios pelos apóstolos**. Lucas insiste em falar que *"muitos sinais e prodígios eram realizados entre o povo pelas mãos dos apóstolos"* (At 5,12). Ele completa a informação dizendo: *"Chegaram ao ponto de transportar doentes para as praças, em esteiras e camas, para que Pedro, ao passar, pelo menos sua sombra cobrisse alguns deles. A multidão vinha até das cidades vizinhas de Jerusalém, trazendo doentes e pessoas tomadas por espíritos maus. E todos eram curados"* (At 5,15-16).

2. **Reunião da comunidade no pórtico de Salomão**. Outro ponto interessante é a afirmação de que *"todos os fiéis se reuniam em grupo no Pórtico de Salomão. Os outros não se atreviam a juntar-se a eles, mas o povo os elogiava muito"* (At 5,12-13).

3. **Cresce o número dos cristãos**. É frequente a afirmação e a insistência no crescimento do número dos cristãos: *"Uma*

multidão cada vez maior de homens e mulheres aderia ao Senhor, pela fé" (At 5,14; cf. At 2,41.47; 4,4; 6,1.7; 9,31; 11,21.24; 12,24; 13,48-49; 16,5; 19,20).

4. **Atitude dos outros.** A respeito do povo em geral se diz o seguinte: *"Os outros não se atreviam a juntar-se a eles, mas o povo os elogiava muito"*.

2. O retrato de comunidade-modelo, segundo Mateus

Mateus escreve seu evangelho para judeus convertidos e o apresenta como a *Nova Lei de Deus*, ensinada por Jesus. Jesus é como o novo Moisés. No Antigo Testamento, a Lei de Moisés tem cinco livros: Gênesis, Êxodo, Levítico, Números e Deuteronômio, que chamamos de *Penta-teuco*, significa *cinco-tomos*. Imitando o modelo antigo, Mateus apresenta a Nova Lei de Deus como um novo *Pentateuco* em cinco grandes discursos. Cada um desses cinco discursos é acompanhado por uma parte narrativa que descreve a prática de Jesus e tem como objetivo mostrar como Jesus observava a Lei e a encarnava em sua vida.

Como dissemos, Mateus escreve para judeus convertidos que aceitavam Jesus como o Messias prometido no Antigo Testamento. Por isso os outros judeus criticavam os judeus convertidos e diziam que eles eram infiéis. Depois da destruição de Jerusalém, tanto a sinagoga como a igreja se organizaram. Os judeus se organizaram como *Sinagoga* e expulsaram os judeus convertidos.

O objetivo principal do evangelho de Mateus tem três pontos: (1) Oferecer consolação aos judeus cristãos que tinham sido excomungados de suas sinagogas e eram perseguidos pelos irmãos judeus que não aceitavam Jesus como Messias. (2) Mostrar que Jesus é o verdadeiro Messias que realiza as promessas do Antigo Testamento. Do começo ao fim de seu evangelho Mateus repete: *Isso aconteceu para que se realizasse o que foi dito pelos profetas* (cf. Mt **1**,22; **2**,5-6.15.18.23; **3**,3.15; **4**,4.7.10.15; **5**,12.17.20.21.27.31.33.38.43; etc.). (3) Ensinar como alcançar a nova justiça, maior do que a dos fariseus e escribas, para poder entrar no Reino de Deus (cf. Mt 5,20).

Eis, novamente, a divisão do Evangelho de Mateus, imitando o antigo Pentateuco:

Mateus 1 e 2: Introdução

Genealogia de Jesus, incluindo 4 mulheres estrangeiras (1,1-17).

Jesus realiza um novo Êxodo e inaugura um novo tempo (1,18-2,23).

Mateus 3 a 7: Primeiro livro – A justiça do Reino

Narrativa: A prática de Jesus anunciando o Reino (3 e 4).

Discurso: O sermão da montanha (5 a 7).

Mateus 8 a 10: Segundo livro – Justiça para a libertação dos pobres

Narrativa: Milagres que sinalizam a realização do Reino (8 e 9).

Discurso: Como realizar a missão de anunciar o Reino (10).

Mateus 11,1 a 13,52: Terceiro livro –Justiça que provoca conflitos

Narrativa: Reações diante da prática de Jesus (11 e 12).

Discurso: Parábolas que apontam para o mistério do Reino (13,1-52).

Mateus 13,53 a 18,35: Quarto livro – O novo povo de Deus

Narrativa: O seguimento de Jesus (13,53 a 17,27).

Discurso: A comunidade é sinal do Reino de Deus (18).

Mateus 19 a 25: Quinto livro – A vinda definitiva do Reino de Deus

Narrativa: O Reino é para todos (19 a 23).

Discurso: Para o futuro do Reino é preciso vigilância (24 e 25).

Mateus 26 a 28: Conclusão: A Páscoa da libertação

3. O retrato de comunidade-modelo segundo Marcos

Após a descrição da preparação da Boa-Nova (Mc 1,1-13) e de sua proclamação (Mc 1,14-15), Marcos enumera, um depois do outro, oito episódios ou atividades de Jesus para descrever a missão de uma comunidade que quer seguir Jesus (Mc 1,16-45). É a mesma missão que Jesus recebeu do Pai (Jo 20,21). Esses oito episódios são oito critérios básicos para as comunidades cristãs fazerem uma boa revisão e verificar se estão realizando bem sua missão. Eis o esquema dos oito pontos:

1. **Mc 1,16-20:** *Criar comunidade.*

A primeira coisa que Jesus faz é chamar pessoas para segui-lo. A tarefa básica da *missão* cristã é congregar as pessoas em torno de Jesus e criar comunidade.

2. **Mc 1,21-22:** *Despertar consciência crítica.*

A primeira coisa que o povo percebe é a diferença entre o ensino de Jesus e o dos escribas. Faz parte da *missão* contribuir para que o povo crie consciência crítica frente à religião oficial.

3. **Mc 1,23-28:** *Combater o poder do mal.*

O primeiro milagre de Jesus é a expulsão de um espírito impuro. Faz parte da *missão* combater o poder do mal que estraga a vida e aliena as pessoas de si mesmas.

4. **Mc 1,29-31:** *Restaurar a vida para o serviço.*

Jesus curou a sogra de Pedro, ela levantou-se e começou a servir. Faz parte da *missão* preocupar-se com os doentes de tal modo que possam levantar-se e voltar a prestar serviço aos outros.

5. **Mc 1,32-34:** *Acolher os marginalizados.*

Depois que o sábado passou, o povo trouxe até Jesus todos os doentes e endemoninhados, para que Jesus os curasse, e ele curou a todos, impondo-lhes as mãos. Faz parte da *missão* acolher os marginalizados.

6. **Mc 1,35:** *Permanecer unido ao Pai pela oração.*

Após um dia de trabalho até tarde, Jesus se levantou bem cedo para poder rezar em um lugar deserto. Faz parte da *missão* permanecer unido à fonte da Boa-Nova, que é o Pai, por meio da oração.

7. **Mc 1,36-39:** *Manter a consciência da missão.*

Os discípulos gostaram do resultado e queriam que Jesus voltasse. Mas Jesus seguiu adiante. Faz parte da *missão* não se fechar no resultado já obtido, e manter viva a consciência da missão.

8. **Mc 1,40-45:** *Reintegrar os marginalizados na convivência.*

Jesus cura um leproso e pede que ele se apresente ao sacerdote para poder ser declarado curado e poder voltar a conviver com o povo. Faz parte da *missão* reintegrar os marginalizados na convivência humana.

Esses oito pontos tão bem escolhidos por Marcos mostram o rumo e o objetivo da missão de Jesus: *"Eu vim para que todos tenham vida e a tenham em abundância!"* (Jo 10,10). Esses mesmos oito pontos podem servir como avaliação para nossas comunidades:

1. **Mc 1,16-20:** *Criar comunidade.*
2. **Mc 1,21-22:** *Despertar consciência crítica.*
3. **Mc 1,23-28:** *Combater o poder do mal.*
4. **Mc 1,29-31:** *Restaurar a vida para o serviço.*
5. **Mc 1,32-34:** Acolher os marginalizados.
6. **Mc 1,35:** *Permanecer unido ao Pai pela oração.*
7. **Mc 1,36-39:** *Manter a consciência da missão.*

8. **Mc 1,40-45:** *Reintegrar os marginalizados na convivência.*

Por aí vemos como Marcos constrói seu evangelho. Construção bonita, que leva em consideração duas coisas ao mesmo tempo: (1) informa as pessoas a respeito das coisas que Jesus fez e ensinou; (2) forma as comunidades e as pessoas para sua missão como anunciadores e anunciadoras da Boa-Nova do Reino.

4. Comparando o evangelho de João com os outros três evangelhos

O evangelho de Marcos foi escrito na Itália em torno do ano 70, a uma distância de 40 anos das palavras e dos gestos de Jesus de Nazaré. Marcos começa seu evangelho com a pregação de João Batista (Mc 1,2ss). Ele olha Jesus bem de perto e o situa na vida das comunidades.

O evangelho de Mateus foi escrito na Palestina ou na Síria por volta do ano 85, a uma distância de 55 anos dos fatos narrados. Mateus começa seu evangelho com a lista dos nomes dos avôs e das avós de Jesus (Mt 1,1-17) dizendo que Jesus é descendente de Davi e de Abraão (Mt 1,1.17). Ele situa Jesus na história do povo hebreu.

O evangelho de Lucas foi escrito na Grécia em torno do ano 90, a uma distância de 60 anos dos fatos. Lucas começa seu evangelho com o anúncio do nascimento de João Batista (Lc 1,5ss) e informa que Jesus é descendente de Abraão e de Adão (Lc 3,34.38). Ele situa Jesus na história da humanidade.

O evangelho de João foi escrito na Ásia Menor em torno do ano 100, a uma distância de 70 anos dos acontecimentos. João começa seu evangelho dizendo: *"No princípio era a Palavra" (Jo 1,1).* João coloca Jesus antes da Criação e o situa como princípio e fim de todas as coisas.

Raio-X e Fotografia

Quem tem o costume de ler a Bíblia deve ter percebido que os evangelhos de Marcos, Mateus e Lucas são muito parecidos entre si. Mas basta começar a ler o evangelho de João para perceber que ele é diferente dos outros três, também chamados de evangelhos sinóticos. Os evangelhos sinóticos tiram fotografia de Jesus. João tira raio-X. João revela na chapa da vida o que só o olho da fé é capaz de enxergar. O evangelho de João ensina como tirar raio-X dos fatos da vida.

Os quatro evangelhos beberam da mesma fonte, pois há muitas semelhanças entre o evangelho de João e os sinóticos. Mas a maneira de João narrar os acontecimentos é diferente. Por exemplo, os sinóticos narram vinte e oito milagres distintos. João só conta sete milagres, que ele não chama de milagres, mas sim de "Sinais". Desses sete, só três se encontram nos evangelhos sinóticos. Os outros quatro são exclusivos de João: as bodas de Caná (Jo 2,1-11), a cura de um paralítico na piscina de Siloé (Jo 5,1-9), a cura de um cego de nascimento (Jo 9,1-7) e a ressurreição de Lázaro (Jo 11,1-44).

Selecionando esses sete "sinais", o evangelho de João faz muito mais do que simplesmente narrar milagres. Ele amplia os fatos para revelar que Jesus é para nós o rosto único e definitivo do Pai. O evangelho de João busca clarear a frase de Jesus: *"Quem me vê, vê o Pai"* (Jo 14,9). Quando levantamos contra a luz a radiografia de Jesus feita pelo evangelho de João, vemos o rosto do Pai. Em resumo, os sinóticos tiram fotografia dos milagres, João tira Raio-X, revelando seu sentido mais profundo e divino, aquele que só a fé enxerga por meio do Espírito Santo (Jo 14,26; 16,19).

9
A PROPOSTA DO PAPA FRANCISCO:

Uma Igreja "em saída" – Êxodo

Francisco Orofino

Ao assumir o pontificado, em março de 2013, o papa Francisco lançou a proposta de sermos uma Igreja que viva em estado permanente de Êxodo. Retomando as linhas centrais do Vaticano II, Francisco lembra que o Concílio colocou a Igreja em uma verdadeira travessia, em busca de seus objetivos básicos: Descolonização – Desclericalização – Descentralização. Esse é o caminho de uma "Igreja em saída", de um Êxodo dentro da própria Igreja.

A barca de Pedro não navega em linha reta, em um movimento uniforme. Ela sempre ziguezagueou pela história. Os vários Concílios foram elaborando os mapas que pudessem ajudar os timoneiros a encontrarem o rumo nos diferentes momentos históricos. Dessa forma, temos de acolher e entender as propostas de Francisco dentro dos eixos fundamentais do Vaticano II. Esse Concílio, elaborado dentro dos esquemas dominantes dos anos 60 do século passado, propôs à Igreja três eixos fundamentais: a descolonização, a descentralização e a desclericalização. Vamos ver as propostas de Francisco a partir desses eixos.

Descolonização

O papa Francisco é fruto desse processo. Com a descolonização, o Vaticano II assume um trabalho de evangelização feito pela Igreja católica separado da transmissão da chamada Cultura Ocidental cristã. Para ser católico não há mais necessidade de ser europeu. É o fim da hegemonia branca e nortista. A proposta de descolonização significou uma convocação para as diferentes igrejas buscarem seus rostos próprios. O processo de descolonização vai, aos poucos, transformando a Igreja católica de uma Igreja ocidental a uma Igreja de fato Universal. Nesse ponto a Igreja latino-americana saiu na frente. Já havia na América latina o CELAM, o que facilitou na elaboração de um magistério próprio, com seus vários documentos (Medellín, Puebla, Santo Domingo e Aparecida). Gradativamente, a Igreja vai assumindo, em seus documentos, esse magistério latino-americano. Em 2013, o conclave elegeu um latino-americano, o primeiro Papa vindo do Sul. Houve uma forte quebra de paradigma.

Francisco assumiu o cargo como um bispo latino-americano. Não foi morar no Palácio Apostólico, mas decidiu residir em um modesto quarto de hotel, a Casa Santa Marta, no Vaticano. Não tinha secretário particular e cuidava de suas próprias contas e seus gastos. Aos poucos, foi abandonando os aparatos monárquicos próprios de um Papa, com muitas vestimentas vermelhas e douradas, trajando a batina branca e a cruz peitoral de seus tempos de bispo diocesano.

Francisco retoma a proposta de descolonização ao afirmar que o Povo de Deus tem muitos rostos, já que esse Povo de Deus "encarna-se nos povos da terra, cada um dos quais tem sua própria cultura" (EG 115). Dessa forma, ele abre espaço para uma Igreja, evangelizando no respeito às diversas culturas, separando definitivamente o projeto colonizador da Igreja católica e a cultura ocidental cristã: "o cristianismo não dispõe de um único modelo cultural" (EG 116). Respeitando e acolhendo essa diversidade cultural, a Igreja exprime sua genuína catolicidade.

Um de seus gestos mais importantes no processo de descolonização está em sua proposta terceiro-mundista para o Colégio Cardinalício. Deixando de lado as tradicionais sedes arquiepiscopais europeias, principalmente italianas, Francisco trouxe para o Colégio bispos de Bangladesh, Mianmar, Tailândia, Etiópia, Cabo Verde, Panamá, Uruguai. Surpreendentemente, nomeou cardeais o núncio apostólico na Síria e o bispo auxiliar de San Salvador ou delegado da Mongólia. Aos poucos, o Norte (europeus e norte-americanos) vai perdendo a hegemonia dentro do Colégio Cardinalício. Aumentam as vozes periféricas vindas da África e da Ásia.

Francisco, sendo de um país latino-americano, também está atento aos atuais instrumentos de colonização. Ele sabe que a neocolonização financeira é tão perversa quanto a antiga. Como muitos bispos latino-americanos dos anos 70/90, ele denuncia uma economia "que mata" (EG 53) e, em seus discursos endereçados aos trabalhadores e aos movimentos sociais (Cochabamba, 2015), ele fala nos "três T" (terra, trabalho e teto). Nessa mesma linha, e abrindo um novo campo dentro da Doutrina Social da Igreja, Francisco faz uma contundente denúncia das consequências dessa política econômico-financeira sobre o meio ambiente em sua encíclica *Laudato Si'*, (2015) sobre "o cuidado da casa comum".

Olhando a realidade a partir da perspectiva das vítimas dessa economia que mata, Francisco propõe uma Igreja "pobre para os pobres" (EG 198), que seja um instrumento da inclusão social dos pobres (EG 187). Tais posições tornam Francisco um líder incômodo aos centros de poder mundial. Mas faz crescer sua autoridade entre os pobres e marginalizados.

Descentralização

Essa é a grande luta interna da Igreja católica após o Vaticano II. Os mecanismos de poder da Cúria romana foram profundamente abalados com o Concílio. As igrejas nacionais foram se organizando nas Conferências Episcopais, articulando as pastorais nos diferentes países, a partir de suas realidades próprias. Aqui no Brasil a CNBB tornou-se um importante instrumento dessa descentralização, assumindo as propostas de uma Pastoral de Conjunto decidida em assembleias episcopais anuais.

Na EG (A Alegria do Evangelho), Francisco retoma o projeto de descentralização com palavras corajosas: "Penso, aliás, que não se deve esperar do magistério papal uma palavra definitiva ou completa sobre todas as questões que dizem respeito à Igreja e ao mundo. Não convém que o Papa substitua os episcopados locais no discernimento de todas as problemáticas que sobressaem em seus territórios. Nesse sentido, sinto a necessidade de proceder a uma salutar 'descentralização'" (EG 16).

Ele concretiza essa "salutar descentralização" incentivando a "sinodalidade". Francisco modificou a dinâmica sinodal no Sínodo dos Bispos de 2014, fazendo com que o Sínodo sobre a Família fosse dividido em duas etapas (2014 e 2015), e fazendo com que as conclusões da primeira etapa fossem discutidas e avaliadas antes da etapa final. Todo esse trabalho sinodal foi reunido e divulgado na *Amoris Laetitia*, de 2016. Iniciando seu décimo ano de pontificado, Francisco tem na agenda um grande sínodo justamente sobre a sinodalidade em 2023.

Um dos caminhos apontados está na valorização das Conferências Episcopais, criando um forte sentimento de colegialidade entre os bispos de um mesmo país. Francisco percebe que o enfraquecimento dessas conferências está na ausência de um estatuto que lhes confira atribuições concretas a partir de uma autêntica autoridade doutrinal. A Cúria centralizadora não permite esse avanço. Por isso mesmo Francisco adverte: "uma centralização excessiva, em vez de ajudar, complica a vida da Igreja e sua dinâmica missionária" (EG 32).

Outro passo importante de Francisco nessa proposta é também assumir o magistério das diferentes Conferências Episcopais em seus documentos. Na EG é evidente seu esforço em universalizar o magistério das Igrejas latino-americanas, assumindo várias conclusões da V Conferência Geral em Aparecida (2017). Também cita o Documento de Puebla (EG 115 e 122). Na elaboração de seu documento, Francisco recorre às Conferências episcopais nacionais como a dos Estados Unidos (EG 64), da França (EG 66), do Brasil (EG 191), das Filipinas (EG 215), da República Democrática do Congo (EG 230) ou da Índia (EG 250).

Desclericalização

Como um dos principais redatores do Documento de Aparecida, de 2007, Francisco deve ter percebido logo que uma das maiores censuras nesse documento, feitas em Roma, foram as menções aos perigos do clericalismo. Por exemplo, no número 100 b do Documento de Aparecida.

Retomando as críticas do Documento de Aparecida, Francisco tem chamado o clero a uma revisão de suas práticas de poder e de controle sobre os leigos. Ao mesmo tempo, Francisco sabe que a melhor maneira de combater um clero fechado em seus esquemas de poder é a retomada do protagonismo dos leigos, que não encontram "espaço em suas Igrejas particulares para poderem exprimir-se e agir por causa de um excessivo clericalismo que os mantém à margem das decisões" (EG 102). Em vários de seus discursos direcionados ao clero, tanto em Roma quanto em suas viagens, Francisco alerta os padres sobre os riscos de um clericalismo fechado em si mesmo, apontando caminhos para os pastores no serviço "tendo cheiro das ovelhas". Alerta os bispos muito ausentes de suas dioceses, chamando-os de "bispos de aeroportos". E, em um discurso bastante duro e direto, alertou os cardeais carreiristas da Cúria romana para seus males e suas doenças.

O caminho que Francisco aponta para acelerar o processo de desclericalização da Igreja é o protagonismo dos leigos. Para tanto, os leigos e as leigas devem descobrir cada vez mais sua identidade de batizados, participando das decisões pastorais e administrativas de suas dioceses, paróquias e comunidades. Aqui Francisco ainda está devendo um pronunciamento mais claro a respeito do papel das mulheres. Ele criou uma comissão no Vaticano a respeito do diaconato permanente feminino. É um passo importante, mas certas medidas podem ser verdadeiras armadilhas. Tanto a ordenação de homens casados quanto o diaconato feminino podem ser vistos também como um reforço à clericalização.

O papa Francisco fez gestos radicais para evidenciar que o lugar do pastor é junto com o povo. Ao se apresentar pela primeira vez ao povo, logo após sua eleição, ele se curva pedindo que o povo o abençoe para melhor desempenho de sua missão episcopal como bispo de Roma. Simbolicamente, como já vimos, ele não foi morar nos aposentos papais, até hoje reside em um simples quarto de hotel, dentro da residência Santa Marta. Nunca foi passar férias na esplêndida residência papal em Castel Gandolfo. Suas celebrações são sóbrias, sem cantorias, e suas homilias são todas baseadas nas leituras bíblicas. Para Francisco, o pastor é um líder que está junto ao povo porque veio do povo. Nenhum pastor pode esquecer as raízes de sua vocação e missão: o serviço ao santo povo de Deus.

Dicas pastorais

Onde nos situamos nesse quadro? O que nos cabe fazer? Como concretizar as propostas de Francisco em nossas dioceses, paróquias e comunidades? A resposta nos é dada pelo próprio Francisco. Em seu discurso ao CELAM, por ocasião de sua primeira viagem apostólica quando veio ao Rio de Janeiro para a Jornada Mundial da Juventude, Francisco ressaltou três instrumentos pastorais: as comunidades eclesiais de base (CEBs), os círculos bíblicos e os conselhos comunitários. Com esses três instrumentos podemos dar nossa contribuição ao processo conciliar de descolonização, descentralização e desclericalização.

Os círculos bíblicos concretizam uma das maiores conquistas do Vaticano II: a Bíblia nas mãos do povo. Houve muitas resistências para que esse passo fosse dado. Havia a acusação de que tal medida significaria a protestantização da Igreja católica. Colocar a Bíblia nas mãos do povo significa, na verdade, possibilitar aos fiéis leigos a possibilidade de se tornarem teólogos e teólogas. Tendo a Bíblia, fonte primeira da Revelação, segundo a *Dei Verbum*, os cristãos podem elaborar suas reflexões teológicas a partir de suas diferentes realidades. A teologia deixou de ser um privilégio clerical. A Bíblia é o grande instrumento da libertação do laicato.

Os conselhos comunitários fazem com que os leigos e as leigas se tornem sujeitos das decisões de suas próprias comunidades. Os conselhos devem incluir os leigos nos processos decisórios em suas dioceses, paróquias e comunidades. Dessa forma, os fiéis podem viver a dimensão régia de seu batismo.

As comunidades eclesiais de base, opção pastoral da Igreja latino-americana desde Medellín, permitem uma *Igreja em saída*, na medida em que formam os fiéis comprometidos com a fé e com os desafios sociais presentes em suas realidades. As CEBs se identificam por seu compromisso evangelizador e missionário entre os mais pobres. Elas são, como diz o Documentos de Aparecida, "a expressão visível da opção preferencial pelos pobres" (DAp 179).

Ao trazer o espírito do Vaticano II para o século XXI, Francisco convoca a Igreja a aprofundar sua visão universal e concreta e, portanto, autenticamente católica. A Igreja em saída deve se lançar corajosamente na missão. Uma evangelização que não deve ser por proselitismo, mas por atração (EG 14). Para Francisco, evangelização por atração supõe missão e diálogo baseados na misericórdia. Em suas viagens ele valoriza países em que os cristãos católicos são minoria para promover uma cultura do encontro, chaves para o campo do ecumenismo e do diálogo inter-religioso. Sua proposta é construir uma unidade respeitando as diferenças e as identidades. A imagem que ele valoriza é a do poliedro, "que reflete a confluência de todas as partes que nele mantêm sua originalidade" (EG 236).

Em um discurso feito em sua viagem às Filipinas ele explicita o que diz na *Evangelii Gaudium*. Francisco busca explicar sua visão de mundo fazendo uma comparação entre duas figuras geométricas: a esfera e o poliedro. Ele diz: "A humanidade não é uma esfera, lisa e sem facetas, igual em todas as suas partes. Gosto de imaginar a humanidade como um poliedro no qual as múltiplas formas, exprimindo-se, constituem os elementos que compõem, na pluralidade, a única família humana". Isso vale para uma humanidade poliédrica, mas também para uma Igreja poliédrica.

Dirigindo a barca de Pedro tendo uma tripulação criada, em sua grande maioria, dentro da linha dos pontificados institucionais e canônicos (1978-2013), Francisco, evidentemente, está encontrando muitas resistências internas a seu projeto de Igreja em saída. O clericalismo centralizador é forte, alegando o medo da desagregação da Igreja e da protestantização dos católicos. Mas, universalizando a proposta da conversão pastoral assumida pelo Documento de Aparecida (DAp 365-367), Francisco tem enfrentado muitos esquemas construídos ao longo dos séculos e que hoje são "ultrapassadas estruturas que já não favorecem a transmissão da fé" (DAp 365). Por esses avanços, creio que o desejo de muitas pessoas, dentro e fora da Igreja, é que Deus dê a Francisco a energia e o tempo necessários para levar adiante sua proposta profética de uma Igreja em saída.

Este livro foi composto com as famílias tipográficas Sirenia e Bookmania
e impresso em papel offset 70 g/m² pela **Gráfica Santuário**.